MÓNTATELO POR INTERNET

MÓNTATELO POR INTERNET

Cómo emprender tus negocios online, ganar dinero por Internet y vivir la vida que sueñas

Victor Espigares

Copyright © Victor Espigares, 2015
Diseño de portada © Victor Espigares, 2015
1ª edición: diciembre 2015

Obra depositada en Safe Creative:
http://safecreative.org/work/1502253331584

Todos los derechos reservados. Bajo las sanciones establecidas en el ordenamiento jurídico, queda rigurosamente prohibida, sin autorización escrita de los titulares del *copyright*, la reproducción total o parcial de esta obra por cualquier medio o procedimiento, comprendidos la reprografía y el tratamiento informático, así como la distribución de ejemplares mediante alquiler o préstamo público.

*A Rosy, la mejor compañera de aventuras que puedo pedir.
A nuestro hijo Noah, por la pasión y felicidad
con las que vive cada nuevo día.*

Y a ti lector, por atreverte a vivir a lo grande.

ÍNDICE

PREFACIO

Empezando con una aclaración 3

Introducción 5

LAS BASES DEL JUEGO

Mi Historia 11

Las 8 Excusas que No Te Ayudarán a Emprender Online 19

Ventajas de Montárselo por Internet 23

¿A Quién Va Dirigido este Libro? 27

Hablamos de Proyectos 29

La Energía Doer o Cómo Crear Resultados 33

El Manifiesto Doer 37

EL FACTOR LIBERTAD

Vivir el Ahora Libremente y no el Luego Condicional 43

El Santo Grial de Emprender en Internet 45

Gente de Carne y Hueso viviendo El Factor Libertad 51

El Porqué Lo Que Has Aprendido Hasta Ahora
No te Ayudará 57

Tu Potencial Es Tu Responsabilidad 61

    No Apto para Todos los Públicos 65

    Las Claves hacia El Factor Libertad 69

    ¿Qué haría un Doer? 73

CREANDO TIEMPO

    Lo más Esencial que vas a Necesitar de aquí en adelante 77

    La Valiosa relación que un Doer mantiene con Su Tiempo 81

    Claves para Adueñarte efectivamente de Tu Tiempo 85

    Ponle Precio a Tus Horas 91

    El Secreto para Aumentar un 200% tu Concentración,
    Creatividad y Energía Doer 95

    Algunas Estrategias para hacer aparecer Tiempo de la Nada 99

    Introducción a la Metodología de Alto
    Rendimiento Personal 103

    La micro-escala de Alto Rendimiento Personal:
    el día a día en bloques de 30 minutos 107

    Directo al Grano o cómo evitar perderse en la
    frondosidad del bosque 113

    Creando el Hábito de Crear 117

    ¿Qué haría un Doer ahora? 121

MODELOS DE NEGOCIO

    ¿Cómo se Gana Dinero en Internet? 125

    Publicidad, tu última bala 127

    Afiliados al Poder 131

    A Su Servicio 135

    A Su Servicio (II): ¿pero gratis? 139

    Vendiendo hielo en el desierto 143

¿Qué haría un Doer?:
7 Claves que No debes obviar (aunque te den ganas)............147

OPTIMIZACIÓN DE LA IDEA

Los Tres Problemas que Acabarán con
Tu Proyecto antes de Empezar con él......................................153

Idea-lizada...157

Echando a andar la maquinaria 161

Licencia para Crear:
4 Claves para Despertar Tu Creatividad dormida..................165

La Chispa que lo Empieza Todo 169

Aportando Valor 175

¡Al ladrón! ¡Se llevan Mi Idea!..179

Por qué la Originalidad Mató al gato 183

Por qué la Originalidad Mató al gato (II):
Un ejemplo de innovación diferente.......................................189

Piensa en Grande, Empieza en Pequeño 193

Dentro de Tus Posibilidades 197

Respondiendo a la Pregunta del Millón: ¿Funcionará?.........201

Respondiendo a la Pregunta del Millón:
¿Funcionará? (II). Un caso de estudio.....................................207

¿Cómo encontrar tu público potencial? 211

Por qué Tener un Nicho Salvará tu
Vida (y la de tu Proyecto)...217

¿Qué haría un Doer?: 9 Pautas para Maximizar tu Éxito......221

IMAGEN

Mutando del Plano Abstracto al Real 225

Encuentra tu Nombre..229

El Envoltorio lo es Todo: La Identidad 233
El Envoltorio lo es Todo (II): El Diseño 237
Recursos y Profesionales al Rescate 241
Deja un Buen Sabor de boca 247
Personalidad Propia 251
Por qué Tener Valores Salvará Tu Proyecto 255
Un Caso de Estudio Viviente 259
¿Qué haría un Doer? 265

EJECUCIÓN

Cómo Funciona Internet por dentro:
Una guía rápida y no excesivamente técnica 269

Las Tres Erres: Reutiliza, Recicla y Reaprovecha 273

La Piedra Angular del Outsourcing 279

Outsourcing: Cómo Encontrar y Atraer a la
Persona Perfecta para tu tarea 283

6 Claves para Outsourcear con
Éxito y no morir en el intento 287

El Secreto para Prevenir Futuros
Dolores de cabeza al Outsourcear 291

La Ética de Outsourcear 297

La Ética de Outsourcear (II): Una historia real 301

No quieras acertar a la primera 305

Rápido y Sucio: Tu Primer Prototipo Mínimo Viable 309

¿Qué haría un Doer? 313

CIERRE

Termina lo que Empieces 319

Bonus y Capítulos de Regalo 321

Agradecimientos 323
Acerca del autor..325

PREFACIO

EMPEZANDO CON UNA ACLARACIÓN

Querido lector: antes de comenzar este libro que estás a punto de leer, permíteme que me sincere.

Yo no soy ningún gurú iluminado, que tiene todas las respuestas y ha descubierto la estrategia secreta para hacerse millonario en Internet sin apenas esfuerzo.

Siento decepcionarte pero no creo que tal cosa exista.

Soy una persona normal y corriente, tan especial o no, como otra cualquiera. Y este que tienes entre manos no es otro libro de "*hazte rico pronto y sin esfuerzo*".

Todo lo que leerás en estas páginas no es nada que no haya vivido, experimentado, probado o llevado a cabo yo mismo. Lo cual tristemente es más la excepción que la regla en lo que se refiere al mundo emprendedor, estilo de vida y libertad financiera.

Llevo más de 7 años viviendo de Internet. En 2007 creé una red social online que comenzó como un proyecto en mi tiempo libre desde la seguridad de mi trabajo y que acabó convirtiéndose en una empresa online que ha llegado a generar ingresos de cinco cifras al mes (eso es XX,XXX€) y a facturar seis cifras al año.

VisualizeUs, la red social para gente creativa, ha sido destacada (entre otros) por The New York Times, cuenta con más de 230,000 usuarios registrados y ha llegado a alcanzar más de 37 millones de páginas vistas de tráfico al mes.

Pero lo más importante para mi es que me ha permitido vivir mi vida con un tipo de libertad desconocida para mi hasta la fecha, tanto financiera como personal. Como pasar tres meses entrenando artes marciales en Filipinas, viajar y vivir en Tailandia y formarme en danza meditación, o ser parte de una compañía de danza-teatro y actuar frente a cientos de personas.

No digo nada de esto por alardear. En realidad esto no es nada diferente de lo que mucha otra gente está consiguiendo gracias a Internet en estos momentos.

¿Para qué he escrito este libro entonces?

Para que tú puedas entrar a formar parte de ese club.

Considero que todas las personas tienen muchos dones que han venido a traer a este mundo. Y uno de los míos es la claridad. La virtud de transformar lo complicado en sencillo. La habilidad de coger un proceso complicado y desmenuzarlo en trocitos más sencillos que todo el mundo pueda entender y sobre todo, llevar a cabo.

Creo firmemente que compartir mi experiencia y conocimientos a la hora de emprender en Internet puede servir e inspirar a muchas personas que o bien desconocen el gran potencial que esconde el mundo online o bien están "atragantados" en el proceso de conseguirlo.

Esta es la razón por la que me decidí a escribir este libro que tienes entre manos y a preparar todo el material adicional de trabajo que lo acompaña y que podrás descargar gratuitamente desde _www.VictorEspigares.com/montatelo-bonus_.

Y ahora sí, sin más preámbulo, empecemos.

INTRODUCCIÓN

Emprender en Internet está lleno de posibilidades: cambiar radicalmente de vida, dejar tu monótono trabajo, generar una segunda fuente de ingresos, o satisfacer tu vena creativa ganando un dinerillo extra de paso. La oportunidad está ahí fuera para cualquiera que quiera aprovecharla.

Pero montárselo *online* no es trivial. Y si ya has intentado llevar a cabo alguna idea en Internet sabrás bien a lo que me refiero. Desde el momento de ¡eureka! en que tienes esa idea fantástica, el camino está lleno de incertidumbres, dudas, desmotivaciones, falta de tiempo, problemas y callejones sin salida, que no te garantizan en absoluto el resultado final de convertirla en realidad.

Montárselo por Internet es una inversión de tiempo y energía, que requiere compromiso, dedicación y perseverancia. No es ni fácil, ni inmediato, ni trivial (y cualquiera que te diga lo contrario sólo busca tu dinero). Es extremadamente sencillo que te encuentres perdido en el maremágnum de información que existe en Internet, que pierdas empeño, que no encuentres el tiempo, que te desilusiones, que no sepas qué camino tomar o sencillamente que abandones por verlo imposible, cansado de ver día tras día que aún a pesar de todas tus ganas e ilusión, tu idea no está ni un paso más cerca de ser un proyecto real.

Nueve de cada diez personas que quieren llevar a cabo su idea en Internet acaban fracasando en el primer paso del camino: materializarla. No importa que tengan un perfil técnico o que no lo tengan.

Informáticos, programadores, aficionados, diseñadores... todos están aquejados por el mismo mal. Tener una idea genial es gratis. Pero llevarla a cabo no.

¿Qué hace entonces que algunas ideas se materialicen y otras no? ¿Qué determina que unas tengan éxito y otras pasen desapercibidas? ¿Cuál es la actitud y mentalidad necesaria para conseguir llevar a cabo tu idea? ¿Qué hace a ese 10% *diferente*?

Todo eso y más es lo que este libro pretende cubrir. Este no es un libro técnico ni un tutorial para enseñarte a montar una web. Es un libro que habla sobre lo que no se suele hablar. Desgranaré una metodología probada y experimentada junto con un conjunto de prácticas y estrategias que te ayudarán a darle la vuelta a las probabilidades y ponerlas a tu favor, para conseguir ser parte de ese selecto club que consigue manifestar en Internet sus ideas y vivir de ellas.

Junto a esta metodología, iremos viendo todas las herramientas y recursos disponibles en la red que te ayudarán a hacer de tu idea una realidad. Nunca fue tan sencillo como es hoy día emprender online; problemas o dificultades que antes no estaban cubiertas y hacían imprescindibles conocimientos avanzados de programación para poder sortearlas, se encuentran hoy "asfaltadas" por servicios y herramientas que ponen al alcance de cualquiera poder vivir de la red.

Obviamente no te puedo prometer que tu proyecto vaya a tener éxito, ni siquiera que vaya a ser una realidad. Eso va a depender en gran medida de tu compromiso, tu constancia y tu determinación (aunque sin duda tener este libro entre tus manos es un buen indicador), pero sí te puedo prometer que si sigues y aplicas las técnicas y estrategias que compartiré contigo, estarás encaminado en la dirección correcta para que tu idea florezca y crezca como un proyecto *online* de éxito.

Deja que mi experiencia, mis fracasos y mis éxitos, te sirvan de referencia en el camino, y te ayuden a no cometer mis mismos errores. Y sobre todo, déjame ayudarte a hacer que todo ese tiempo, esfuerzo e ilusiones que vas a poner en tu idea, se inviertan eficientemente y den sus frutos. Porque si consigues que tu proyecto funcione, si tienes éxito montándotelo por Internet, y verdaderamente pienso que es algo que está al alcance de todo el mundo, te va a brindar más alegrías y libertad de lo que nunca hayas podido imaginar.

En mi caso, la decisión insignificante en su día de crear un proyecto online ha hecho que mi vida haya cambiado radicalmente, y sea ahora más rica y satisfactoria de lo que nunca habría imaginado, y no solo en lo laboral sino también en lo personal. Por primera vez, puedo afirmar que no soy un esclavo del trabajo, sino que es el trabajo el que trabaja para mí.

Lo más gracioso de todo es que nunca me he considerado una persona con *carácter emprendedor*. En mi familia todavía se preguntan extrañados de que rama me vendrá esto, porque no existen antecedentes familiares conocidos. Tampoco he estado rodeado de un entorno emprendedor que digamos. Cuando creé *VisualizeUs*, la mayor ambición de mi círculo de amistades era sacar de una vez la plaza de titular en la facultad o aprobar unas oposiciones. No he asistido nunca a eventos de emprendedores, ni leo las páginas salmón del periódico. Tampoco estaba quemado en mi trabajo, ni me movía el ser mi propio jefe.

Se puede decir que no cumplía para nada el estereotipo del emprendedor, y además que tenía todos los factores en contra para tener éxito con ello. Todo esto me lleva a la siguiente pregunta que supongo que tendrás ahora mismo en mente:

— *Si este tío ha podido montárselo por Internet... ¿por qué yo no?*

Exacto.

Es más, estoy totalmente convencido de que cualquier persona que se lo proponga, teniendo una "hoja de ruta" adecuada, como es este libro y los recursos adicionales que lo acompañan que podrás encontrar en mi web, puede conseguir ser el creador de su propia libertad.

Montárselo por Internet es el eslabón perdido necesario para alcanzar la libertad, tanto a nivel personal, como a nivel laboral y financiero. Escapar del horario de oficina, poder vivir en cualquier parte del mundo, disfrutar de tu tiempo en tus términos. Y todo esto con el respaldo de tu proyecto generando ingresos día y noche para ti, estés o no delante del ordenador.

Mi intención con este libro es brindarte todo lo necesario para transformar tu idea en una realidad y poder convertirla en un proyecto de éxito.

Al fin y al cabo, si yo he podido... ¿por qué tú no?

LAS BASES DEL JUEGO

MI HISTORIA

Cuando regresé de mi penúltima mini-jubilación en la isla de Negros, Filipinas, tras tres intensos meses entrenando el milenario y devastador arte marcial filipino conocido como *Kali*, mi madre me lanzó sin rodeos la pregunta que le llevaba ardiendo desde antes de que me marchara:

— Bueno, ahora tendrás que ponerte a trabajar como un loco para compensar estas vacaciones que te has pegado ¿no?

Suspiré profundamente y asentí resignado.

¿De qué sirve? No hay manera de hacerle entender que no necesito trabajar un número de horas fijo al día, ni siquiera a la semana, ni que mi "trabajo" no sea un trabajo sino un negocio, que sigue funcionando esté yo en Filipinas recibiendo una paliza, en Tailandia danzando en mitad de la jungla o en mi terraza leyendo una novela.

Y la verdad es que la entiendo. Si me llegan a contar hace un par de años que iba a poder estar disfrutando de "mini-jubilaciones" de 3 o 4 meses a lo largo del año en modo todo pagado, yo tampoco me lo hubiera creído. Fui criado en la larga tradición española de "tú lo que tienes que hacer es sacarte unas oposiciones" y juro con la mano en alto que hasta lo intenté (aunque no fue un intento muy duro para ser sinceros).

Eso de buscar un trabajo estable y que me diera para vivir bien, sin apuros pero tampoco con excesos, lo llevaba arraigado desde niño viendo a mis padres, él profesor y ella enfermera, disfrutar de la seguridad del funcionariado. Supongo que igual que toda mi generación, y las generaciones anteriores, que tanto escuchamos eso de que había que tener una carrera para aspirar a un buen trabajo y que sacarte una oposiciones te solucionaría la vida.

Está claro que hoy día el terreno de juego ha cambiado radicalmente y probablemente de forma irreversible. Sin embargo, para mí ha cambiado de una forma diferente al resto de la gente. Lo noto en las conversaciones con los amigos, en lo que se escucha por la calle, en lo poco que atisbo a ver en los medios. Estos últimos años la vida me ha llevado por un camino que no pensaba que exploraría: el convertirme en el diseñador de mi propio estilo de vida.

Todo empezó por casualidad allá en el 2007. Coincidieron una creatividad inquieta, la mía, con mucho tiempo libre y ganas de llevar a la práctica una idea que por aquel entonces parecía no existir.

La idea era bien sencilla: una herramienta que te ayudara a recordar las imágenes que te encuentras por Internet. Esas que te encantan en el momento en que las ves pero que luego les pierdes la pista y eres incapaz de volver a encontrar.

En aquel entonces estaba metido de lleno en el mundo de la fotografía y pasaba mucho tiempo visitando páginas de fotógrafos, navegando por redes sociales de fotografía y aprendiendo de foros diversos. Al final del día me costaba horrores recordar donde había visto esta o aquella imagen que me había fascinado. Los favoritos del navegador no me servían para lo que yo necesitaba, sencillamente porque no estaban pensados para ser usados con contenido visual como son las fotografías e imágenes, y lo mismo ocurría con otros servicios que busqué y probé.

Todavía no sé bien que fue lo que me hizo pasar del modo queja (*"¿por qué nadie ha hecho nada para esto?"*) a decidir ponerme manos a la obra y ser yo el que llevara a cabo esa idea. Pero la verdad es que fue una de las mejores decisiones de mi vida. Tras tres meses de invertir cada minuto de mi tiempo libre, incluyendo vacaciones de verano, en materializar esta idea, finalmente vio la luz la primera versión de *VisualizeUs.com*.

Si avanzamos la película un año hacia delante tenemos ante nosotros una red social galardonada con el Premio Alzado a Mejor Idea Innovadora y con más de 10,000 usuarios registrados de todas partes del mundo, coleccionando a un ritmo frenético imágenes increíbles de alta calidad visual.

De hecho, desde que se abrió al público, el proyecto no ha registrado ni un sólo minuto sin que alguien desde algún lugar del mundo coleccione una imagen, lo cual a día de hoy me sigue sorprendiendo gratamente. Como veremos más adelante, es una de las mayores satisfacciones que he descubierto con esta aventura, el momento cuando comprendes cómo tu idea está ayudando a otras personas a una escala global.

A finales de ese mismo año, 2008, *VisualizeUs* fue destacado en un artículo[1] por parte del periódico The New York Times. En él catalogaron al proyecto como "una instalación de arte en constante transformación" y nos definieron como la evolución de los bookmarks, o favoritos, de Internet. Todavía recuerdo cuando recibí el correo de la periodista de The New York Times para concertar una entrevista. Pensaba que era un spam y no me lo tomé en serio. Tuve que recibir otro correo suyo insistiendo para darme cuenta de que realmente la cosa iba en serio.

Pero no sólo en la gran manzana tienen periódicos. *VisualizeUs* ha sido también destacado en muchos otros medios de ámbito nacional y regional de prensa, radio y televisión dignos de mención. En mi web *www.VictorEspigares.com* podrás encontrar un amplio listado de todas las entrevistas y reseñas que nos han ido haciendo con el paso del tiempo.

Si avanzamos otro año hasta 2009, la comunidad de *VisualizeUs* está ya formada por más de 100,000 usuarios registrados y el proyecto

---

[1] Puedes leer el artículo aquí: *www.VictorEspigares.com*/NYT

tiene cerca de tres millones de visitantes al mes. Este mismo año ve la luz uno de nuestros *competidores* que se basa en la misma idéntica idea (en aquella época cada dos meses aparecía un proyecto idéntico al nuestro), pero éste con la peculiaridad de nacer en Silicon Valley, la meca de los proyectos tecnológicos en Estados Unidos.

En 2013, cuatro años después, este nuevo competidor, Pinterest, generaba ya más tráfico que Twitter, era considerado uno de los tres gigantes de la Internet social junto con Facebook y tenía una inversión de quinientos millones de dólares en el banco.

Y todo partió de la misma idea.

Llegados a este punto, me gustaría resaltar algunas lecturas interesantes de esta historia.

La primera es que aunque haya comenzado narrando mi historia con un *"todo empezó por casualidad"*, la realidad es que no creo en las casualidades ni tampoco creo en el azar. Sin embargo, es del tipo de *casualidad* que al mirar hacia atrás entiendes cómo todo se ha ido alineando para que se diera y puedes atisbar cómo ese camino ya estaba trazado, aunque en ese momento no fueras capaz de verlo.

No nos confundamos. Este no ha sido el primer proyecto que he montado, ni la primera idea que he llevado a cabo delante de un ordenador. La suerte, como la solemos entender en la sociedad o como a los medios les gusta vendérnosla (*"¡Crea una web desde su casa y se hace millonario de la noche a la mañana!"*), ha tenido poco que ver en el éxito de este proyecto.

Llevo montando proyectos desde que puse las manos en mi primer ordenador con nueve años, mucho antes de que Internet llegara a mi vida. Desde videojuegos, hasta programas para jugar al rol, herramientas, utilidades varias, comunidades… todos con buena repercusión y acogida, y de los que he ido aprendiendo y mejorando a base de ensayo y error.

VisualizeUs.com ha sido mi proyecto más grande hasta la fecha, y no es algo que haya ocurrido debido al azar ni a la suerte ni a la alineación de los planetas. Sin duda se lo debo tanto a mis aprendizajes y errores previos como a la filosofía y estrategias que he ido construyendo gracias a ellos, y que desgranaré en este libro.

La siguiente lectura de esta historia es que las ideas son más poderosas de lo que creemos, y esto es especialmente importante recordarlo cuando la idea es de cosecha propia. Muchas veces descartamos ideas que tenemos sólo por inseguridad o porque no estamos convencidos de ser capaces de hacer que funcionen, cuando la realidad nos demuestra que si nos enfocáramos en cuánto pueden aportar a los demás, no cabría duda alguna de su éxito. La clave aquí está en entender que si no llevamos a cabo nuestras ideas nunca sabremos el impacto potencial que pueden tener en el mundo y en otras personas.

La tercera lectura es sin duda la más importante para mí. Como habrás podido leer, nosotros con *VisualizeUs.com* no hemos tenido nunca quinientos millones de dólares en el banco, ni hemos triunfado si nos medimos con los estándares del mundo de las empresas tecnológicas de Internet, que viene a ser: a) que te compre Google, b) salir en la portada de la revista Wired, c) ser nominado a uno de los emprendedores más punteros por debajo de los 30, o d) todo lo anterior junto.

En realidad, a lo máximo que hemos aspirado en términos financieros es a tener ingresos de 5 cifras al mes (XX,XXX€), que visto en perspectiva es una mota de polvo en el vasto océano de otros muchos proyectos en Internet que generan una cantidad de dinero inimaginable.

Si bien esto a priori podría parecer que hemos "perdido la partida" ante un competidor, y sin duda así se vería si una revista o diario escribiera sobre el tema; en realidad, cuando te das cuenta de que no hay ninguna partida y que nunca la hubo, te puedes parar a observar todas las cosas buenas que se han creado porque un buen día decidiste llevar a cabo tu idea en Internet.

En nuestro caso, tanto mi socio y amigo Antonio que se unió al proyecto más adelante, como yo, hemos creado un negocio capaz de sustentar un estilo de vida, el nuestro; y no una vida para sustentar un negocio.

Hemos sido capaces desde un piso en Málaga y otro en Granada, con sendos portátiles, nuestros ADSLs y el chat permanentemente abierto, de crear una empresa en Internet que básicamente ha abierto un mercado que apenas existía cuando nosotros empezamos. Si bien es verdad que otros se han acabado llevando la mayor parte de ese mercado, eso no desmerece que desde "Andalucía, Spain" hayamos sido capaces de crear un proyecto de repercusión y reconocimiento internacionales.

Internacionales, porque tan sólo el 2% de nuestros usuarios son españoles. Más del 48% provienen de Estados Unidos y el resto de las más diversas partes del mundo. Tenemos una activa comunidad coleccionando imágenes de una gran calidad estética, cuando la realidad es que tres de cada cuatro proyectos basados en comunidad fracasan por no saber crear la masa crítica necesaria para que la comunidad funcione (casi todos nuestros competidores fracasaron por esto). Hemos dado servicio, y seguimos haciéndolo, a más de 230,000 usuarios con picos de hasta 37 millones de páginas vistas al mes, con tan sólo un equipo de dos personas detrás. Y la verdad es que encima de todo esto, durante todos estos años, me he visto recompensado con más libertad personal y laboral de la que podría haber imaginado.

Haberme atrevido a montármelo por Internet me ha abierto la puerta a poder trabajar cuándo y dónde quiero. Sin estar atado a una ciudad o un país, sin tener que ir vestido de cierta forma y sin tragarme atascos para llegar a ninguna oficina. Es difícil de concebir al principio, pero cuando te acostumbras, lo difícil de concebir es que para trabajar tengas que ir a una oficina, fichando en un horario establecido y vestido de cierta forma. Aquí, tu trabajo reside en tu portátil y allá donde tengas una conexión de Internet, ahí puedes ponerte a trabajar. Que pena que eso sea tomándote un *daiquiri* en un chiringuito de una playa tailandesa, en la terraza de tu casa al solecito o pasando unos días geniales visitando a la familia en Irlanda.

También me ha abierto la puerta hacia la libertad financiera. El entender que mi tiempo no puede estar directamente relacionado con mis ingresos, por la sencilla razón de que mi tiempo es limitado pero mis ingresos no tienen porque serlo. Algo muy obvio conceptualmente y que posiblemente estés harto de leer en muchos sitios, pero que en la práctica poca gente tiene verdaderamente interiorizado. El crear un proyecto en Internet y ver cómo genera ingresos mientras duermes, en fines de semana, en días que te tomas libre porque te apetece, a la hora de comer o mientras ves una película en el cine, es una sensación muy rara a la que cuesta acostumbrarse.

Pero sin duda la mayor satisfacción que me ha brindado montármelo por Internet es la de poder ver con mis propios ojos cómo una idea mía ayuda a personas de todas partes del planeta. Imagínate lo que se siente cuando ves que hay gente de Brasil, de la India y de Nueva Zelanda usando tu proyecto porque es algo que les ayuda, o les simplifica la vida, o les aporta algo que antes no tenían y verdaderamente necesitaban.

Todo el mundo tiene ideas geniales todo el tiempo. Si piensas de otra forma es porque quizás aún no hayas sintonizado el canal adecuado en la emisora de tu creatividad o lo tengas un poco atascado (ya nos encargaremos de desbloquearlo en la sección de "*Optimización de la Idea*"). Pero realmente el problema para el 99% de la gente es que no se dan cuenta de cómo de geniales pueden ser esas ideas y cuánto pueden ayudar a otras personas. Y eso es así porque no estamos acostumbrados a llevar a cabo nuestras ideas. Nos conformamos con sólo tenerlas.

Pero imagínate si no sólo te conformaras con tenerlas. Imagínate si pudieras tenerlas y además materializarlas, llevarlas a cabo y hacerlas una realidad. Después de tantas horas pensando en tu idea, deseando que otras personas puedan usarla y verla, mimando cada detalle, entusiasmándote al contársela a la gente; imagínate ese momento en el que por primera vez la abres al público para que el mundo pueda disfrutar de ella.

Yo he vivido ese momento con cada proyecto que he creado y la verdad es que la sensación de estar ofreciendo algo que sabes en tu interior que es de lo mejor que tienes para ofrecer, y posteriormente ver que también es de valor para otras personas, ya hace que todo el esfuerzo merezca la pena con creces.

Para mi es verdaderamente lo que le da sentido a montárselo por Internet, no sólo perseguir la libertad que te puede proporcionar, sino el ayudar y contribuir con otras personas a una escala global. Cuando te veas contestando mails de gente de Canada felicitándote por haber llevado a cabo tu idea, porque por fin alguien ha pensado en resolver este o aquel problema que sufrían, o recibiendo sugerencias de usuarios agradecidos de Estados Unidos, o comentarios de Chile sobre lo útil que es el contenido que estás creando, sabrás a lo que me refiero. Es el saber que estás creando algo de valor para otras personas y no sólo trabajando en una oficina para una empresa sin cara.

Y lo mejor es que al mismo tiempo que sientes esa satisfacción de ayudar a gente en todas partes del mundo, en tu interior sabrás que estás dando los pasos hacia tu libertad personal, laboral y financiera; y que ambas cosas, quizás por primera vez en mucho tiempo, están alineadas.

LAS 8 EXCUSAS QUE NO TE AYUDARÁN A EMPRENDER ONLINE

Para mucha gente el primer impedimento a la hora de pensar en montárselo por Internet está en el interior de su cabeza. No saber programar, no tener dinero, no tener tiempo, no tener ni idea de cómo crear un blog... todo son motivos y excusas para ni siquiera lanzarse a dar el paso.

Hoy día es infinitamente más sencillo montárselo por Internet que nunca y las facilidades existentes son inmensas. Pero; sin embargo se siguen manteniendo las mismas viejas creencias y excusas que impiden a la gente dar el paso hacia delante y lanzarse a esta aventura.

Vamos a desmontar algunas de estas creencias desfasadas:

PARA MONTÁRSELO POR INTERNET HAY QUE SABER PROGRAMAR

En absoluto. Conocer el medio donde te vas a lanzar, en este caso Internet, sin duda ayuda y mucho, pero no es necesario que pases antes por la facultad de Informática cuatro o cinco años, ni mucho menos. Y quien dice programar, dice diseñar, marketing o cualquier cosa que se te ocurra y que empiece con la frase *"Pero es que no sé X"*. No te asustes. Hay muchísima gente montándoselo con éxito por Internet que empezaron sin tener ni idea de programación, ni diseño, ni HTML, y la oferta de servicios, conocimiento y personas disponibles para ayudarte a conseguirlo es apabullante.

NECESITAS SER CONOCIDO EN INTERNET Y TENER MUCHOS SEGUIDORES

Para nada. Si tienes cierta repercusión en los medios sociales, mejor que mejor, pero no dejes que el no tenerla te limite o te pare. No serás el primero que de la nada crea un negocio de éxito y se hace conocido por ello. Cuando yo creé *VisualizeUs.com* mi presencia social era más bien nula, participaba en algunos foros de diseño pero por aquel entonces ni siquiera tenía cuenta de Twitter. Eso no me impidió ni materializar mi idea ni que despegara hasta hacerse conocida a nivel mundial.

MIS IDEAS NO SON LO SUFICIENTEMENTE BUENAS

Como también desmontaremos durante el libro, realmente no son las ideas las que son lo suficientemente buenas o no, sino sus ejecuciones. Así que no te preocupes si piensas que tu idea no es lo suficientemente buena. Si necesitas autoconvencerte, busca todas las ideas a priori tontas que han acabado triunfando (*¿compartir máximo 140 caracteres? ¿a alguien le suena Twitter?*).

NO TENGO (NI SE ME OCURRE) NINGUNA IDEA

Tampoco te hace falta tener una idea en mente antes de leer este libro. Yo diría que este libro probablemente te ayude a tener, no una, sino varias ideas para tus proyectos. Un consejo: ten siempre cerca una libreta para poder ir anotando las ideas, pensamientos y reflexiones que te vayan viniendo conforme avances en la lectura. Cuando acabes de leer el libro y repases todo lo anotado en esa libreta, te sorprenderás.

NECESITAS SER EMPRENDEDOR/A Y TENER MUCHOS CONTACTOS

Absolutamente no. Si has leído hasta aquí ya sabrás que yo no era el perfil prototípico de emprendedor precisamente. Y aquí me tienes. De nuevo, tener contactos no te va a venir mal, pero deja que sea tu camino el que te proporcione esos contactos y no un requisito de partida que te bloquee.

HACE FALTA ARRIESGAR MUCHO A LA HORA DE EMPRENDER EN INTERNET

Para nada. Como veremos en el siguiente capítulo, emprender *online* tiene la gran ventaja de poder controlar riesgos, y con las técnicas y estrategias que iré desgranando en el libro, minimizarlos hasta *virtualmente* cero. Puedes montártelo *online* desde la seguridad de tu trabajo de siempre y desde el confort de tu mesa camilla en el salón.

PARA EMPRENDER EN LA RED SE NECESITA MUCHO TIEMPO LIBRE

Nadie con una vida medianamente interesante tiene suficiente tiempo para hacer algo nuevo que se salga de su rutina. En este apartado podemos mencionar familia, trabajo, compromisos sociales y demás fauna silvestre en la que *invertimos* nuestro tiempo. Si bien es cierto que para montar algo necesitas tiempo, también es cierto que con las técnicas y organización adecuadas ese tiempo se puede crear. No te preocupes, nos encargaremos de hablar de estrategias para crear tiempo de la nada cuando llegue el momento.

HACE FALTA TENER MUCHO DINERO PARA EMPRENDER EN INTERNET

Nada más lejos de la realidad. *VisualizeUs.com* comenzó con un servidor de 8.95 dólares al mes (unos 6€ al mes). Si eso para ti es invertir mucho dinero, no quiero imaginarme tu cara al ver las millonadas que se gasta tu ayuntamiento al pavimentar una calle.

Reconozcámoslo: la mayoría de excusas que tu mente pueda encontrar para desanimarte de la aventura de montártelo por Internet, no están realmente fundamentadas. Tienes este libro en tus manos y sin duda eso quiere decir algo. Dejémonos de *excusitis* y ¡manos a la obra!

VENTAJAS DE MONTÁRSELO POR INTERNET

Montárselo *online* está lleno de ventajas, especialmente si lo comparamos con emprender un negocio tradicional con su local físico de los de toda la vida. Si hablamos de riesgos a correr, es como si fuera la versión *light* sin cafeína ni edulcorantes de emprender.

Recuerdo una conversación que tuve con el dueño de una nueva tienda abierta recientemente en el barrio, una eco-tienda con productos locales y ecológicos, de bastante calidad y precio asequible. La tienda estaba en un pequeño local, bien situado, con buena visibilidad y en un barrio histórico de la ciudad, con encanto, turismo y bastante céntrico. Aparte de vender buenos productos, el dueño hacia un buen trabajo creando "comunidad" en torno a la tienda. Organizaba muchas actividades interesantes, desde intercambio de libros entre los clientes, hasta cata de productos o clases de cocina por las tardes.

El propietario, de unos treinta y tantos, me contaba que había dejado su aburrido trabajo en un banco, cogido sus ahorros y se había lanzado a montar la tienda de sus sueños. *Chapeau.*

El problema viene al hablar de la inversión inicial que había necesitado. Sólo el alquiler del local ya suponían 3.000 euros al mes. Pero es que entre que cogió el local y le concedieron las licencias para poder empezar, había habido un desfase de tres meses, lo que hizo que empezara la odisea de emprender con un balance negativo de al menos 9.000€, eso sin contar con el desembolso necesario para stock, la reforma del local, los impuestos, licencias y tasas varias imprescindibles.

Chapeau y doble *chapeau*.

No acostumbrado a lo que verdaderamente significa emprender en su formato tradicional, yo me echaba las manos a la cabeza oyéndolo. Tristemente al cabo de un año tuvo que cerrar la tienda. No es que le fuera mal, al revés, pero ya desde el principio tenía demasiado en contra que vencer y por mucho que vendiera, el volumen de negocio no lograba equilibrar ese balance negativo. Lo peor es que no es una historia novedosa, sino más bien lo típico que le suele ocurrir a muchos negocios tradicionales.

Ahora, a eso sí se le puede llamar Emprender con mayúsculas. Respeto muchísimo a la gente que emprende negocios físicos, pienso que son casi-héroes por la cantidad de riesgo que asumen con tal de perseguir su sueño. Pero verdaderamente creo que el nivel de riesgo que se asume no está directamente relacionado con las potenciales recompensas. Montártelo online sin embargo te da lo mejor de ambos mundos:

INVERSIÓN, PRESUPUESTO Y RIESGOS MÍNIMOS: Emprender en Internet no es que esté inherentemente carente de riesgo. De hecho, la mayoría de emprendedores tradicionales que dan el salto al mundo online no aprovechan muchas de sus ventajas y acaban asumiendo riesgos innecesarios sólo por inercia. Pero con la ayuda de algunas técnicas que iremos diseccionando a lo largo del libro, si que es posible hacerlo con un nivel mínimo y controlado de riesgo que a veces puede sonar hasta un poco irreal: ¿empezar un proyecto, desde el salón de tu casa, en tus horas libres, con un presupuesto mínimo, sin necesidad de dejar tu trabajo y poder ver si la cosa despega? ¡Bienvenido al mundo online!

La máxima inversión que vas a realizar es tu tiempo y energía, que no es poca cosa. Pero si lo comparamos con los riesgos de emprender *offline* (pedir un préstamo, alquilar un local, conseguir licencias, comprar stock, dejar tu trabajo…), la cosa coge otro color. Y por supuesto tener virtualmente cero riesgos se traduce en tener muchas más posibilidades de acabar teniendo éxito con tu proyecto.

POSIBILIDAD DE COMPAGINARLO CON OTRO TRABAJO: Si quieres lanzarte a emprender con un negocio físico se hace bastante complicado el poder compatibilizarlo con tu trabajo actual. En la mayoría de los casos, el requerimiento de tener que estar físicamente en un lugar en horario comercial hace que para montar un negocio convencional tengamos que dejar cualquier otra ocupación. Lo cual ya de por sí, es un riesgo. Dejar lo conocido, lo seguro, lo que te da de comer cada mes, para lanzarte a una aventura que aún está por ver si funcionará, no es un paso fácil.

Pero si te lo montas por Internet ese riesgo también se minimiza e incluso desaparece. Como ya comentaba, creé *VisualizeUs.com* en mi tiempo libre compaginándolo con mi trabajo, y realmente no tomé la decisión de dedicarme en cuerpo y alma al proyecto hasta que no llevaba ya cierto tiempo rodando con éxito. Para esas alturas ya se podía ver que el proyecto funcionaba, y aunque no fue una decisión fácil ni carente de riesgo, la gran diferencia es que ese riesgo estaba controlado y minimizado.

De hecho, una de las mejores ventajas de montártelo online es que no tienes que dejar tu trabajo si no quieres. Hay mucha gente que se lo ha montado por Internet para crear un sobresueldo, enfocar su creatividad o sentirse realizados con su pasión, pero que siguen felizmente yendo a sus trabajos cada día. Puede que llegue el día donde se planteen romper esa atadura en la búsqueda de su libertad total, pero lo bueno es que es algo que depende totalmente de ellos, no una necesidad.

TRABAJAR DÓNDE Y CUÁNDO QUIERAS: Allá donde tengas un portátil y una conexión a Internet, puedes dedicarle tiempo a tu proyecto. Ya sea en la montaña después de pasar el día esquiando, en la playa después de darte un buen baño o en tu casa tras pasar la tarde enharinado hasta las cejas, haciendo un divertido pastel con tus hijos en la cocina. No hay horarios, no hay que fichar, no hay que ir vestido de cierta forma, no hay que sufrir atascos en hora punta. Toda la libertad del mundo está ahí esperándote para que la cojas y hagas con ella lo que quieras.

LA LLAVE HACIA EL FACTOR LIBERTAD: La joya de la corona en lo que a ventajas se refiere. La idea no es crear un puesto de trabajo. La idea es crear un negocio que trabaje para ti, que sea totalmente independiente de tu tiempo y que genere ingresos estés o no estés delante de la pantalla del ordenador. Esta es una de las grandes libertades que montárselo por Internet tiene que ofrecer y no es una que se pueda ignorar con facilidad. Desvincular tu tiempo de tus ingresos es una parte primordial del Factor Libertad, del que hablaremos mucho más en profundidad, el máximo exponente de poder hacer lo que quieras, cuando quieras y cómo quieras.

EL MUNDO COMO POTENCIAL CLIENTE: Crear un proyecto online te da la oportunidad de tener una repercusión verdaderamente global sin los límites físicos de los negocios tradicionales. Esto que sobre el papel suena muy obvio, una vez te empiezan a llegar los pedidos desde Brasil, Rusia o Chile, no deja indiferente. Y lo que es mejor aún, con una repercusión global existen infinidad de huecos o nichos libres en los que poder posicionarse. Al contrario que en un negocio físico tradicional, donde un nivel excesivo de especialización podría significar una sentencia de muerte, en el mundo online, como ya veremos en detalle cuando hablemos sobre los nichos, será una de las claves para el éxito.

¿A QUIÉN VA DIRIGIDO ESTE LIBRO?

Este libro está escrito tanto para aquellas personas con experiencia en la red como para las que no. No es un libro técnico lleno de jerga, palabras técnicas complicadas, lenguajes de programación o cosas que sólo tu sobrino que entiende de ordenadores y *hace webs* comprendería. Es un libro cercano, escrito para todos, que desgrana una metodología y filosofía probadas que te van a ayudar a maximizar las probabilidades de tener éxito llevando tus ideas a la pantalla.

En Internet hay infinidad de tutoriales sobre cómo crear un blog, montar una tienda online, aprender a programar... Pero todo eso al final son mecanismos para algo más grande: llevar a cabo tu idea en la red de redes. Sobre cómo hacer esto eficientemente, optimizando nuestras ideas para asegurarnos las máximas garantías de llevarlas a buen puerto, aprendiendo cómo crear tiempo de donde no lo hay para poder dedicárselo, creando los hábitos que nos apoyen en esa aventura y teniendo una hoja de ruta que poder seguir cuando nos perdamos... no hay tanto escrito.

Entonces... ¿para quién está pensado este libro?

Si alguna vez te ha picado el gusanillo de crear algo en Internet, este libro es para ti.

Si alguna vez has *intentado* (sin mucho éxito) crear un proyecto en Internet, este libro también es para ti.

Si ya tienes un proyecto funcionando en Internet, pero no trabaja en pos de tu libertad, este libro es también para ti.

Si estás ya demasiado familiarizado con ese momento genial en el que una idea te sacude de arriba a abajo y piensas "*¿por qué a nadie se le ha ocurrido esto antes?*", sólo para media hora más tarde reconocerte a ti mismo que esa idea probablemente la hará realidad otro o peor aún, para vivir en la fantasía de que "*algún día*" la llevarás a cabo pero ese día nunca llega... bueno, **este libro es definitivamente para ti**.

En definitiva, este libro está escrito especialmente para ti sí:

- Sabes por dentro que tu idea puede ayudar a mucha gente y no ves llegar el día en que otros puedan disfrutar de ella.

- Estás en la búsqueda de tu libertad personal, laboral y financiera. Eso de tener que trabajar para poder vivir, no va contigo.

- Siempre has querido emprender en Internet, pero te falta algo que no sabes bien qué es.

- Te bullen por dentro las buenas ideas y quieres llevar a cabo aunque sea una.

- Quieres crear algo diferente que se salga de lo establecido.

- Siempre has sabido en tu interior que hay algo más en la vida que las opciones del menú estándar.

- Necesitas algo que no sabes qué es para encender la mecha y ponerte a crear.

Si aún no tienes claro si este libro es para ti y has llegado hasta aquí leyendo, ¡enhorabuena! obviamente este libro es especialmente para ti.

HABLAMOS DE PROYECTOS

A lo largo de este libro verás que siempre uso el término "proyecto".

Pero... ¿qué es un *proyecto*?

Está claro que un proyecto en el amplio sentido de la palabra puede ser cualquier cosa. Un proyecto en la vida puede ser formar una familia. O escalar un siete mil. O viajar alrededor del mundo durante un año. O perder peso. O construir una caseta para tu perro *Chewbacca*.

Cualquiera de estos objetivos, grandes o pequeños, encajan dentro de lo que podemos entender como un proyecto.

En Internet ocurre lo mismo. Un proyecto *online* puede ser montar un blog de chistes con los amigos, crear una tienda de camisetas para bebés, fotografiar cada día a tus hijas para luego montar un vídeo con su crecimiento, catalogar toda tu colección de MP3, crear una red social para que la gente comparta sus sueños en la vida o abrir un canal de Youtube.

Es difícil clasificar la gran variedad de tipos de proyectos que pueden existir en la red, pero por motivos didácticos vamos a hacer una clasificación básica que nos permita tener una referencia para el resto del libro. Vamos a clasificar los diferentes proyectos en función de lo que aportan al usuario y mencionar algunos ejemplos de cada.

La primera categoría serían aquellos proyectos que ofrecen un servicio al usuario, como por ejemplo, redes sociales, foros, chats, aplicaciones web y/o móviles, servicios a empresas, servicios a consumidores, etc.

La segunda categoría serían aquellos proyectos que ofrecen contenido o información al usuario, sea cual sea el formato de dicho contenido. Aquí englobaríamos los blogs, vídeoblogs, libros, ebooks, audiolibros, cursos, etc.

Y por último, la tercera categoría serían los proyectos centrados en productos, como por ejemplo tiendas online o similares. Dichos productos pueden ser a su vez físicos, como camisetas, tazas, pósters, galletas, cosas hechas a mano, etc.; o digitales, como themes para blogs, apps, software, *ringtones*, etc[2].

En la definición de proyecto que usaremos a lo largo de este libro, si bien todo tiene cabida, existen varios denominadores comunes o pautas que conviene destacar:

- Un proyecto debe crear valor no sólo para ti, sino también para otras personas. Y si tienes en mente ganar dinero con él (imagino que por algo estás leyendo este libro) te interesa que ese "otras personas" no se reduzca sólo a tu madre y sus amigas.

- Un proyecto tiene que tener, o potencialmente tener, una forma plausible y a poder ser escalable de generar ingresos. "Escalable" significa que su crecimiento no esté atado a tu tiempo (que sería a más horas, más ingresos), sino todo lo contrario. Un ejemplo de escalabilidad sería crear un producto una vez y venderlo muchas veces. Una vez que el producto ya está hecho, no requiere de tu tiempo por cada venta que realices. Un ejemplo de no escalabilidad sería un freelance que hace páginas webs. Cada encargo tiene que invertir su tiempo en completarlo.

- Un proyecto debe ayudarte en tu camino hacia la libertad, tanto personal como financiera. Si no es así, o incluso si es al

---

[2] Cabe pensar que un ebook o un curso digital es también un producto digital, y por tanto debería ir englobado en esta categoría, pero en realidad, el valor que se le está ofreciendo al consumidor es el contenido (la información) y no el continente (el producto digital)

revés, sigue siendo un proyecto online en el amplio sentido de la palabra, pero no es el tipo de proyecto al que nos referiremos. Hablaremos de esto en profundidad en la siguiente sección "*El Factor Libertad*".

Si estás maldiciendo en voz baja porque la idea que tienes en mente no cumple alguna de estas pautas, no desesperes todavía ni corras a tirar el libro a la basura y prenderle fuego. Simplemente sigue leyendo y deja tu mente abierta a la posibilidad, es posible que a lo largo de estas páginas descubras nuevas perspectivas que desconocías y que enriquezcan tu idea.

LA ENERGÍA DOER
O CÓMO CREAR RESULTADOS

Si alguna vez has intentando conseguir una meta a largo plazo, como por ejemplo montártelo por Internet, y te has quedado a mitad de camino, sabrás la sensación tan frustrante que se te queda dentro. El pasar tantas horas ilusionado, pensando, concibiendo, soñando y casi tocándolo con tus manos, para de repente, otra vez, tener que apagar todas esas ilusiones en una cubo de agua fría, es desesperante y dañino para uno mismo.

Lograr tus metas y manifestar resultados, especialmente si es a medio-largo plazo como el caso de crear un proyecto, conlleva tiempo y dedicación. La gran mayoría de las personas en la sociedad actual están demasiado acostumbradas a la adicción de la gratificación instantánea y a la comodidad en que vivimos. Esto conlleva que no son capaces de aguantar en la brecha el tiempo necesario para conseguir resultados tangibles con sus visiones a largo plazo. Lo usual es que pierdan la motivación y el compromiso (*"no estoy seguro de que esto sea buena idea..."*), que se desilusionen viendo que no llegan a ningún puerto (*"pero... ¿todo esto para qué?"*), o simplemente que arrojen la toalla y cambien de idea (*"¿sabes qué? me he dado cuenta de que esto no es tan importante para mí"*) engañándose así a si mismos.

Y luego están los *doers*, una extraña tribu de personas que tienen claro cómo conseguir lo que quieren, y no se detienen hasta que lo consiguen. Son los que hacen que las cosas ocurran, a los que no les asusta ensuciarse las manos ni remangarse los pantalones para meterse de lleno en todo el *fregao*, siempre y cuando eso les acerque a sus metas.

Seguro que conoces a alguien de tu entorno, puede que hasta tú mismo, que es capaz de sacar adelante todo lo que se proponga. Todo el mundo ha experimentado en algún momento de su vida la Energía *Doer*, esa energía de ponerse en acción teniendo una meta clara hacia la que ir, sin dejar que la mente y sus devaneos interrumpan o molesten durante el camino y sin parar ni detenerte hasta que consigues alcanzar tu meta.

Un ejemplo de Energía *Doer* (pronunciado «*duer*», del inglés "*to do*", "hacer") es el típico momento del día de antes de una entrega importante en el trabajo, que no se sabe muy bien cómo pero toda la *procrastinación* o en castellano, pérdida de tiempo y dispersión, que venías sufriendo hasta entonces, se esfuma y sólo queda la intención clara de terminar la entrega antes de que llegue la hora límite. Seguro que has tenido más de un momento así también estudiando el día antes de un examen.

O esos momentos de domingo cuando llevas tanto tiempo tirado en el sofá sin hacer nada que ya hasta te duele el cuerpo, y de repente algo se activa en tu interior y tienes que ponerte a hacer cosas: a limpiar la casa, a hacer ejercicio, a tomar notas de ideas que te bullen en la mente... ¡lo que sea, menos estarse quieto!

Eso es la Energía *Doer*. Todos tenemos dentro ese tipo de energía de crear y manifestar resultados, al igual que su energía complementaria y opuesta. De hecho, una no puede existir sin la otra. Es lo que en el taoísmo denominan el Yin y el Yang, la simbiosis de la energía pasiva o receptiva (*yin*) con la energía activa (*yang*). La Energía *Doer* es tan sólo una parte del Yang que habita en cada uno y la tribu de los *doers* son hombres y mujeres, como tú y como yo, que se han hecho expertos en cultivar y manifestar a su voluntad este tipo de energía.

La Energía *Doer* tiene una característica muy importante que hay que destacar. Es la clave imprescindible que los *doers* conocen y explotan:

La Energía *Doer* se retroalimenta a sí misma.

Lo cual quiere decir que cuanto más la usas, más tienes. Así mismo, cuanto menos la uses, menos tendrás y por lo tanto más difícil te resultará conseguir objetivos. Esa es la razón por la que cuanto más estancado estás, más difícil es manifestar resultados que se salgan de lo habitual, como lo que sería por ejemplo crear tu proyecto online. Y sin embargo, cuanto más en acción en la dirección correcta estás, parece que más carrerilla llevas y todo va viniendo rodado con una extraña pero placentera sensación de fluidez.

No te preocupes si ahora mismo estás pensando *"¡Oh, Dios mío! entonces mis niveles de esa cosa deben de estar bajo mínimos..."*. Si por un casual, un *doer* agotara sus reservas de Energía *Doer*, sabría cómo recuperarlas y llevarlas al nivel correspondiente para poder volver a crear cosas de la nada. Y la buena noticia es que tú también vas a aprender a hacerlo con este libro.

De hecho, mi segunda intención al escribir este libro es activar y potenciar tu parte *doer* al máximo. En otras palabras: sacar a la luz al *doer* que llevas dentro.

Porque cuanto más potencies tu Energía *Doer*, más probabilidades de éxito tiene tu proyecto para ver la luz del día y poder marcar una diferencia en la vida de otras personas.

EL MANIFIESTO DOER

Al igual que el Bushido, el código de honor que regía la vida de los samuráis en el antiguo Japón feudal, la tribu de los *doer* tiene sus propias reglas por las que se rigen, viven y actúan. Estos principios les sirven para no desviarse del camino hacia sus sueños cuando la niebla les impide ver qué dirección seguir.

* * *

Un doer tiene claro qué es lo importante y va a por ello. No se anda por las ramas, no se entretiene con detalles accesorios, no pierde el tiempo con minucias.

* * *

Un doer entiende que conseguir metas se asemeja más a una carrera de fondo que a un sprint. Por eso cuida el ritmo para no quemarse, y sabe cuándo hay que parar para repostar energías, con el objetivo de poder seguir hacia delante.

* * *

Un doer toma decisiones pensando en sus metas a largo plazo y huyendo de la trampa de la gratificación instantánea, porque sabe que para crear grandes cosas, hay que mirar el tablero de juego con perspectiva.

* * *

Un doer no se frustra cuando las cosas no salen como esperaba. Entiende que hay que fluir con las circunstancias y no tratar de controlarlas, que es mejor moverse con la corriente que contra ella y que la mejor actitud es, como Bruce Lee decía, "ser como el agua".

* * *

Un doer se mueve hacia su gran meta. Acepta que habrá rocas en su camino, pero entiende que chocar contra ellas no hará que desaparezcan ni tampoco lo acercará a su objetivo, y que su única misión es buscar la forma de eludirlas para poder seguir acercándose a su visión.

* * *

Un doer entiende cómo funciona el tiempo y sabe cómo crearlo y gestionarlo. Un doer sabe cómo elegir prioridades y siempre crea el tiempo para ellas. Un doer no entiende de excusas de falta de tiempo.

* * *

Un doer busca la mejor y más óptima forma de hacer algo, pero entiende la trampa de la perfección y nunca aspira a ella, sino a la excelencia.

* * *

Un doer entiende que menos es más. Que en la simpleza radica el verdadero valor y que si hay que invertir tiempo no es en sobrecargar ni complicar las cosas, sino en reducir, simplificar y destilar la esencia.

* * *

Un doer sabe que es la acción la que causa la motivación, y no al revés. Por eso siempre elige dar pequeños pasos, que vayan construyendo unos encima de otros, para crear momentum, o inercia, hacia su visión.

* * *

Un doer entiende que el éxito está siempre precedido por la acción, y que si no se pone en movimiento el éxito va a estar siempre igual de lejos.

* * *

Un doer ante todo es humano y sabe que la concentración absoluta el 100% del tiempo no existe. Así que cuando inevitablemente se descubre desperdiciando su tiempo o estancado en su cabeza, no se entretiene ni castiga culpándose, sino que simplemente vuelve a retomar su camino y sigue hacia delante.

* * *

Es interesante empezar a hacerse más consciente de la Energía *Doer* en nuestro día a día: cuándo estamos teniendo un momento de subidón, qué hacemos inconscientemente para potenciarlo, cómo se nos escapa de las manos, qué hacemos de forma natural cuando notamos nuestras reservas bajas, etc.

Ese primer paso de hacernos conscientes a la Energía *Doer* junto con el Manifiesto *Doer* nos servirá de mucho en la aventura de emprender online.

EL FACTOR LIBERTAD

VIVIR EL AHORA LIBREMENTE Y NO EL LUEGO CONDICIONAL

Materializar mi idea en Internet me ha permitido sentirme muy realizado tanto a nivel personal como profesional. No es que fuera una sensación desconocida por completo para mi. En otros trabajos me he sentido útil, valorado y sobre todo he visto que mi esfuerzo contribuía con algo tangible, que ya es más de lo que se puede decir de muchos empleos. Pero desde que me lo monté por mi cuenta en Internet es como si eso hubiera evolucionado hasta el siguiente nivel.

Por un lado me ha permitido llevar el tipo de vida con el que siempre he soñado: viajando, conociendo el mundo y tomándome mini-jubilaciones anticipadas ahora y no cuando llegue a los 67. Estas líneas que lees se escribieron desde un tren tailandés que me llevaba hasta Surat Thani, casi en la frontera entre Tailandia y Malasia, donde me esperaba otro tren, éste nocturno, con destino a Kuala Lumpur.

De hecho, escribí el grueso de este libro que hoy tienes en tus manos en Filipinas en mi primera mini-jubilación, entre entrenamiento y entrenamiento de Kali, el arte marcial milenario que fui allí a aprender. El otro grueso del trabajo que ha supuesto fue hecho durante mi segunda mini-jubilación cuando estuve viajando por el sudeste asiático y viviendo en Tailandia, formándome de forma intensiva como facilitador de DANCEmandala, una práctica de danza y meditación en movimiento que ha cambiado mi vida y mi entendimiento de mi cuerpo. Pero la verdad es que todavía hay momentos donde no me acabo de creer del todo esto de las mini-jubilaciones.

Si es la primera vez que escuchas hablar de este concepto, en realidad es sencillo: consiste en disfrutar hoy de aquello que por dentro sueñas con hacer cuando te jubiles en el futuro. Es crear posibilidades, planear y planificar para poder inyectar en nuestro presente mini aventuras (o no tan "mini") cumpliendo aquellos sueños que por defecto tenemos relegados para un hipotético futuro. Todavía recuerdo la sensación que tuve cuando descubrí esta idea en el libro "*La semana laboral de cuatro horas*" de Tim Ferriss (Abril, 2007). Fue la liberación de saber que alguien le había puesto palabras a algo que había estado buscando toda mi vida.

Minutos más tarde, mi mente ya estaba gritándome lo imposible y loca que era esa idea, la cantidad de dinero tan desproporcionada que había que tener para poder permitirte hacerlo y cómo era simplemente un cuento ideado para vender más ejemplares de un libro. Curiosamente son los mismos argumentos que he escuchado posteriormente de otros detractores.

Pero resulta que sí es posible, que no hace falta ser rico para vivir así y que como veremos, el mayor obstáculo para ello somos nosotros mismos, o mejor dicho, nuestra pequeñas mente chillona.

EL SANTO GRIAL
DE EMPRENDER EN INTERNET

Hay infinitos motivos para montárselo por Internet, tantos como estrellas en el firmamento.

Hay quien quiere ser su propio jefe. Otros quieren poder disponer de su tiempo a su antojo. Los hay que buscan ganar más dinero. Luego están los que ansían crear algo grande, que deje huella. Otros quieren sentirse emprendedores. Hay quien simplemente quiere compartir su idea con el mundo. Y muchos sencillamente buscan la diversión de crear.

No es que haya un motivo mejor que otro, por supuesto. Cada persona tiene el suyo, al igual que cada uno tiene su propia motivación. Incluso lo normal es que tengas varios de ellos, y no sólo uno, impulsándote por dentro para conseguir montártelo por Internet.

Sin embargo, existe uno que es invisible para la mayoría de las personas y que sólo unos pocos conocen y persiguen. Para mi, es la joya de la corona. Es lo que yo llamo el Factor Libertad.

Conozco mucha gente que se lo ha montado por su cuenta con éxito, tanto *online* como *offline*. Negocios y proyectos que funcionan, crean dinero (en ocasiones, muchísimo) y sobre todo aportan valor (lo uno sin lo otro no puede existir). Pero sin embargo, todos estos proyectos tienen algo en común: no pueden funcionar solos.

Requieren de la dedicación, energía y atención continua de su creador o creadores para seguir funcionando. Y si eso falla el día de mañana por cualquier motivo inimaginable, el proyecto dejaría irremediablemente de funcionar y por lo tanto de generar ingresos.

Puede que no suene tan mal. Al fin y al cabo, es a lo que estamos acostumbrados. Para ganarse el sueldo uno tiene que estar ahí de lunes a viernes, ocho horas diarias si el negocio es de otro y muchas más si es el tuyo propio. Pero no me he decidido a escribir un libro para seguir perpetuando este paradigma caduco. Ni para que te conformes con crear un proyecto que genere ingresos pero que te necesite a ti detrás de él día y noche para seguir haciéndolo.

Lo que yo te propongo es que te atrevas directamente a ir a por el premio gordo. Sin rodeos ni vueltas de hoja. Lo que todo el mundo quiere y anhela por dentro, pero pocos se atreven a buscar: la Libertad con mayúscula. El Factor Libertad.

¿Por qué? Sencillamente porque es posible.

Párate a pensar por un momento antes de descartar nada por utópico, increíble o inalcanzable que te parezca. Imagina cómo sería si en vez de tener que trabajar para ganar dinero, es tu proyecto el que trabaja para que seas tú el que crezcas, te diviertas y experimentes la vida. Si en vez de ser un esclavo del trabajo, es tu trabajo, en este caso tu proyecto, el que trabaja para ti, y para más inri sin necesitar de tu atención o tiempo constante.

Imagina si tu proyecto fuera el eslabón perdido, que nunca nadie te mostró, para conseguir abrir las puertas hacia tu libertad personal, laboral y financiera. Imagina si fueras capaz de liberarte de tener que fichar en una oficina, de tener que invertir tus preciadas horas a cambio de un sueldo.

Porque eso es el Factor Libertad, el máximo exponente de tus tres libertades más importantes. El equilibrio entre poder hacer Lo Que Quieras, Cuándo Quieras y Cómo Quieras.

Sé que el concepto en sí puede sonarte muy extraño ahora mismo. De hecho, no sería raro que tu mente estuviera encontrándole el "pero" o la objeción en estos precisos instantes. Por desgracia, estamos demasiado acostumbrados a descatalogar de facto cualquier idea que se escapa a nuestras creencias mentales, que ni nos paramos a valorarla como una posibilidad. Es más, nuestra mente en vez de realizar el trabajo de abrirse a esta nueva idea, lo que cree que tiene que hacer es encontrar las evidencias mentales de que esa idea no es plausible para rechazarla o ignorarla.

Pero tranquilo, no dejaremos que el Factor Libertad caiga dentro del saco de esas cosas que obviamos sólo porque nuestra mente no quiso hacer el trabajo de abrirse a un concepto fuera de sus dominios.

Es muy sencillo. El Factor Libertad es como vivir de vacaciones. Todo el rato.

Cuando te vas de viaje a algún lugar desconocido en tus vacaciones, estás operando desde un modo descubrimiento. Te emocionas con el nuevo destino que estás a punto de explorar. Te metes en Google para buscar qué cosas son las más impresionantes para ver y qué actividades y experiencias puedes vivir en este nuevo lugar. Conoces nuevas personas, culturas e historias que te inspiran por dentro. E incluso sueles ser algo más valiente de lo habitual en lo que se refiere a correr alguna que otra aventura. En definitiva, vives esos días aprovechándolos al máximo y enriqueciéndote de experiencias que te llenan por dentro.

Sin embargo cuando estás viviendo en tu lugar cotidiano, normalmente no sueles operar desde ese modo descubrimiento. Estás simplemente repitiendo tu habitual rutina, día tras día. Trabajando en tu horario acostumbrado, muchas veces intentando no morir aplastado por el aburrimiento y la monotonía. Con algunos momentos puntuales de gozo y diversión por aquí y por allá, e intentando aprovechar cualquier hueco posible para disfrutar con alguno de tus hobbies o pasiones. Comparado con aquellos impresionantes días en Costa Rica, nada memorable que vayas a recordar dentro de dos años. De hecho, quizás estés hasta soñando despierto con tu próximo destino. Y así pasan los días y así pasa la vida.

El Factor Libertad te permite introducir el modo descubrimiento de forma continuada en tu vida. Te permite volver a soñar, planear y concebir aventuras que siempre has querido vivir. Es reintroducir el equilibrio perdido durante tanto tiempo en las dos vertientes que dominan nuestras vidas, el trabajo y nuestra vida fuera del trabajo. Nos da la posibilidad de unir estas dos vertientes en una única vida de verdad que merece la pena vivir.

Pero no se queda ahí. Cuando sueñas y planeas un viaje a ese lugar que llevas años queriendo visitar, la mayor limitación suele ser de tiempo. Tienes tus días de vacaciones y eso es todo lo que tienes. Y en esos quince días, o con suerte veinte, metes todo lo inimaginable para que no se te quede fuera nada. Con el resultado de que lo que se suponían eran unas vacaciones, son al final un no parar para ver, sentir y experimentar, el mayor número de cosas posibles. Esto obviamente restringe el rango de posibilidades y de experiencias que podrías vivir en esa aventura, y sobre todo, la forma que tienes de hacerlo (¿alguna vez has sentido que necesitabas unas verdaderas vacaciones después de las vacaciones?).

Imagina si no tuvieras esa restricción de tiempo y si el dinero tampoco fuera una limitación. No digo que te imagines como un millonario, pero digamos que dispones de suficiente dinero y tiempo para poder dedicar tranquilamente un par de meses holgados a esa aventura y a ese destino. De repente estaríamos hablando de poder realizar aquellos sueños, visitar aquellos lejanos destinos o incluso estudiar y formarnos en aquellas cuestiones que siempre hemos querido hacer, pero que obviamente no eran posibles por restricciones de tiempo y/o de dinero.

Estaríamos hablando de resucitar todos aquellos viejos sueños, aspiraciones y aventuras, que de forma inevitable se vieron relegados a lo más hondo de nuestra fantasía, sencillamente porque se salían demasiado de la plantilla que la sociedad nos dio sobre cómo disfrutar de nuestra vida.

¿Cuáles serían algunas de las posibilidades que el Factor Libertad vuelve a hacer posibles?

— Descubrir todos esos lugares y culturas del mundo que siempre has querido descubrir.

— Estudiar esa materia, arte, disciplina o carrera que siempre quisiste estudiar pero que nunca le acabaste de ver la aplicación práctica (tú o tus padres en aquel momento, el típico "con eso no se gana dinero").

— Vivir en cualquier lugar del mundo, descubriendo el lugar como un local y no como un turista, creando relaciones y vínculos allí.

— Aprender a tocar un instrumento, conseguir hablar con fluidez otro idioma o aprender cierta habilidad que siempre has soñado con adquirir.

— Poder pasar más tiempo de calidad con los tuyos, sin preocupaciones, agobios ni prisas. Ver crecer a tus hijos, darte escapadas románticas con tu pareja, disfrutar de la familia y organizar más saraos con los amigos.

— Dedicarte más tiempo de calidad a ti mismo. Buscar y alcanzar tu equilibrio, cuidar tu cuerpo, airear tu mente y poder hacer aquello que disfrutas en solitario. Quizás leer una buena novela, disfrutar escuchando tu disco favorito o pasar tiempo en la naturaleza.

— Dedicarte con mucha más intensidad a tu pasión o hobby de toda la vida. Poder explorar nuevas pasiones que quedaron en segunda fila y también descubrir nuevos hobbies.

— Aprender cualquier cosa que te llame la atención y poder volverte muy bueno en ello.

Realmente las posibilidades son infinitas y el Factor Libertad es la llave que te abrirá las puertas hacia ellas. Conéctate con todos esos sueños que durante años has ido postergando para un lejano futuro y con todos aquellos que dejaste de lado por ser locos, "imposibles" o poco prácticos.

Porque ahora es el momento de hacerlos brillar de nuevo.

GENTE DE CARNE Y HUESO VIVIENDO EL FACTOR LIBERTAD

Quizás a estas alturas tu mente esté haciendo su trabajo intentando convencerte de cómo de imposible y loca es esta idea. Ya sabes, algo como: "*Nadie normal puede vivir así. Sólo la gente con mucho dinero puede vivir así. Y eso si no tienes nada que te ate, porque eso es imposible con niños / hipoteca / {pon-aquí-tu-excusa-favorita}*".

Afortunadamente, cada vez hay más personas a lo largo y ancho del mundo que deciden cuestionar lo establecido, perseguir sus sueños, y vivir con el Factor Libertad como bandera. Y otra de las ventajas de Internet es que estamos tan sólo a un click de distancia de conocer historias verdaderamente increíbles sobre cómo personas de carne y hueso, como tú y como yo, están consiguiendo vivir la vida de sus sueños a través del Factor Libertad.

Como por ejemplo la historia de Walter, más conocido en la red como Che Toba. Walter, analista de sistemas de profesión, fue un emprendedor con éxito en los años 90. Desarrolló con un amigo un portal de pujas llamado e-compras.com, que posteriormente recibió inversión privada para montar una empresa que llegó a tener hasta 60 empleados. Al tiempo de vender su idea, empezó a darse cuenta de que su día a día se había convertido en el de un ejecutivo que pasaba la jornada entre gestiones, ajetreos y preocupaciones. La diversión de crear algo de la nada y hacerlo crecer, había sido sustituida por una vida de oficina que no era lo que él deseaba.

Fue entonces cuando recordó uno de sus sueños de la infancia: ser cámara documentalista. Sus programas de televisión favoritos eran los documentales y su ídolo era Jacques Cousteu, que a bordo de "*El Calipsou*" recorría el mundo para sorprenderle con lugares que de otra manera no podría imaginar siquiera que existían. De niño, Toba soñaba con dar la vuelta al mundo como Jacques Cousteu, y cruzar el Atlántico navegando algún día.

Así que de adulto, con un buen puesto y un buen sueldo en una empresa con éxito que él mismo había creado, gozaba de toda la estabilidad del mundo, pero aún así, su vida no era la vida que él quería vivir. Para asombro de muchos y crítica de otros, decidió dejarlo todo y no mirar atrás. Todo para vivir la vida en la que él creía.

Desde entonces ha recorrido toda América continental viajando con su familia, visitando y viviendo en casi todos los países del continente americano. Su última aventura es haber viajado con sus dos hijos y su mujer desde Argentina hasta las oficinas de Google en San Francisco, durante siete meses por carretera. Ahora, es desarrollador web y blogger de viajes en www.chetoba.com.ar, y sustenta su estilo de vida con ello.

La historia de Che Toba no es un caso aislado ni mucho menos. Kalyan Varma, hindú de nacimiento, trabajaba en Yahoo como ingeniero de seguridad y criptografía y era uno de los empleados más reconocidos en la sucursal de Bangalore. Tanto que ganó el premio "Yahoo Superstar" en 2003, una distinción que sólo se concede a doce personas de entre toda la plantilla de 11.000 trabajadores.

Pero sin embargo Kalyan, aunque satisfecho con la labor que realizaba en Yahoo, notaba que le faltaba algo en su vida. La vida corporativa no le aportaba todo lo que necesitaba para sentirse completamente realizado, por mucho reconocimiento profesional, retos intelectuales, o buenos sueldos le brindara.

Su trabajo le permitía tener un estilo de vida desahogado e incluso lujoso en ocasiones, pero sabía que le faltaba algo, y cuantas más vueltas le daba más se daba cuenta de que eso que le faltaba no lo iba a poder encontrar ahí. Entonces empezó a hacerse consciente de cuánto disfrutaba simplemente saliendo a fotografiar la naturaleza. Sin mayores pretensiones que sencillamente sentirse conectado con lo salvaje y tener la gran suerte de poder ser testigo, y retratar, impresionantes momentos. Y algo hizo click en su interior.

Justo al año siguiente de recibir dicho premio, decidió cambiar su vida por completo y dedicarse a cumplir uno de sus mayores sueños: viajar por el mundo y ser fotógrafo de naturaleza salvaje. No fue una transición sencilla ni exenta de dificultades. Pero lo tenía claro y decidió ir a por todas.

A día de hoy, ha recibido diversos premios por su trabajo en documentales de naturaleza en reconocidas cadenas como la BBC o National Geographics, y su trabajo ha dado la vuelta al mundo al igual que él. Imparte *workshops* y conferencias compartiendo su conocimiento y es el fundador de la plataforma "India Nature Watch" (www.indianaturewatch.net), la comunidad de referencia sobre fotografía de naturaleza en Asia, donde él y otros fotógrafos comparten su trabajo, gratis y sin copyright, con la intención de maximizar la difusión y la concienciación con la naturaleza salvaje.

El Factor Libertad no es sólo para algunos pocos en condiciones ya favorables, sino que está al alcance de todos. La vida de la familia Wagoner era, como ellos mismos la describen, de libro. Hasta que decidieron reescribir el final de la historia.

Alan y Heidi se conocieron viajando de mochileros por México. Resultó que ambos vivían a tan sólo veinte minutos en California. Después de su viaje, empezaron a salir y acabaron casándose. Justo después de casarse se fueron a trabajar a Londres durante tres años, en los que aprovecharon para conocer Europa y viajar durante las vacaciones por el viejo continente.

Al volver a California ya sabían que *algo* había cambiado en su interior. El viajar por Europa les había dado la oportunidad de conocer otras culturas, idiomas y formas de vivir la vida, y querían que no se acabara ahí, querían seguir descubriendo. Así que decidieron que iban a conseguir ambos un trabajo en una gran multinacional que les permitiera estar trabajando y viviendo por todo el mundo, y poder así criar a sus hijos, que todavía no tenían, exponiéndolos a muchas culturas.

Conseguir ese trabajo fue fácil. Pero la segunda parte del plan no lo fue tanto. Pensando que tendrían suficiente tiempo para hacerlo realidad, empezaron a ahorrar y siguieron trabajando cada uno en sus carreras profesionales con la esperanza de que eventualmente los transfirieran internacionalmente a algún destino. Cuando quisieron darse cuenta, casi doce años más tarde, estaban ya en los cuarenta y con dos niños de siete y diez años. Habían conseguido el éxito profesional pero la posibilidades de vivir y trabajar por el mundo eran cada vez más reducidas.

Se encontraron inmersos en la vorágine diaria de trabajar más de cuarenta horas a la semana y sólo pudiendo pasar algo de tiempo de calidad con sus hijos durante los fines de semana y las noches. Y aunque habían conseguido viajar bastante exprimiendo los típicos quince días de vacaciones de verano, en su interior sabían que eso no era suficiente para ellos.

Realmente su vida no era nada que no se considere como *normal* en la sociedad moderna occidental. Trabajas toda tu vida, tienes unos pocos momentos de vivir como tú quieres durante tus quince días de vacaciones (y a partir de cierta edad, con tus esperanzas puestas en la jubilación), y dejas todo lo que verdaderamente importa como tu familia, tus hijos y tus sueños relegado a los huecos libres que deje tu trabajo.

Como ellos mismos describen en su blog WagonersAbroad.com, tenían una vida idílica y perfecta de cara a la sociedad, pero su pasión y sus sueños se habían quedado enterrados tiempo atrás. Eso sí, uno desde fuera podría decir que lo tenían todo: una familia feliz, una casa grande y bonita, coches buenos y todo tipo de lujos materiales. Pero todo viene con un precio. Y entonces fue cuando se decidieron a cambiar el guión.

Después de dedicar los primeros cuarenta años de su vida a su carrera y al trabajo, Alan y Heidi Wagoner comenzaron a hacerse las preguntas correctas cuando uno tiene el Factor Libertad en mente: ¿Qué es lo que verdaderamente te hace feliz? ¿Cómo te quieres experimentar en tu día a día? ¿Qué vas realmente buscando vivir: acumular posesiones o acumular experiencias? Si quieres vivir una vida con pasión y perseguir tus sueños... ¿Qué está fallando? ¿Qué falta?.

Un día, decidieron cambiar su sueño de *"trabajar y vivir por el mundo"*, a simplemente *"vivir por el mundo"*. Y ese simple cambio, eliminar la palabra *"trabajo"*, hizo que lo imposible se convirtiera en posible para ellos. Durante meses planificaron cuidadosamente todo, desde todos los ángulos posibles, para ver si podían encontrar un fallo a su plan. Y encontraron algunos riesgos, pero ninguno que no estuvieran dispuestos a asumir para poder vivir su sueño.

Así que decidieron simplificar su vida. Vendieron todo lo que no iban a necesitar, casa, coches, pertenencias, y simplemente guardaron lo imprescindible en un trastero. Dejaron sus trabajos y sus carreras profesionales, y se lanzaron a vivir por el mundo con sus hijos. A raíz de su decisión y cambio de vida, crearon un blog para mantener informados a familiares y amigos que acabó creciendo hasta ser un proyecto online que financia su estilo de vida. Desde ahí comparten todo lo relacionado con su aventura para inspirar a otras personas a vivir fuera de lo establecido, a creer y a perseguir sus sueños.

Y yo me pregunto: si todas estas personas con sus increíbles historias y formas de vivir la vida, lo están consiguiendo, están haciendo realidad sus sueños... ¿por qué tú no?

Quiero que estas historias verídicas te sirvan de inspiración, de fuerza y de motivación para que te des cuenta de que tú también puedes conseguir vivir de la forma en que sueñas. Para ellos no fue fácil, no tenían todas los factores a su favor, ni eran ricos, ni estaban libres de deudas e hipotecas. Muchos tenían también familia y responsabilidades. Pero sin embargo lo consiguieron.

Han tenido que ir alineando muchas cosas para conseguir poder disfrutar de la vida como ellos soñaban. Planes, estrategias, ahorros, venderlo todo o alquilar su vivienda... cada persona que busca el Factor Libertad crea su propio camino para alcanzarlo, y como hemos visto, no todos los caminos pasan por crear un proyecto online. Pero montárselo por Internet es una de las mejores formas que yo conozco y que sin duda apoya totalmente el buscar una vida más plena y satisfactoria que tener que fichar todos los días en una oficina.

No es que conseguir el Factor Libertad sea "fácil" ni "difícil". De hecho, seguir asignándole calificativos en nuestra cabeza no nos va a acercar a él, sólo va a seguir fomentando nuestras excusas para no atrevernos a buscarlo. Tampoco es que sea algo posible para unos pocos elegidos e imposible para el resto de mortales. Muchas de estas historias en sus orígenes eran inicialmente la misma historia que ya conocemos de muchos de nuestros conocidos, familiares, vecinos e incluso nosotros mismos.

Pero ellos tuvieron la determinación de decidir que su historia iba a ser diferente y fueron a por ello.

¿Por qué tú no?

EL PORQUÉ LO QUE HAS APRENDIDO HASTA AHORA NO TE AYUDARÁ

La realidad es que ni en el colegio ni en la familia, no sólo no se nos enseña cómo conseguir el Factor Libertad, sino que ni siquiera se nos dice que es algo que existe, que es real y que está al alcance de cualquiera que se lo proponga. Y el contexto social tampoco nos anima a aspirar a ello precisamente: *"hay que trabajar para poder comer"*, *"ya queda menos para la jubilación"* y un largo etcétera de frases del estilo que llevamos incrustadas en nuestro cerebro desde que tenemos uso de razón.

No se nos enseña a tomar decisiones que nos brinden más libertad, sino todo lo contrario. El camino socialmente establecido nos lleva a tomar decisiones que nos encadenan a hipotecas, a préstamos, a pertenencias materiales y a trabajos aburridos que no nos apasionan. Trabajos que a la vez tenemos que mantener para poder seguir pagando esas hipotecas y préstamos que han comprado nuestras viviendas y pertenencias materiales. Pertenencias materiales que adquirimos buscando tener y vivir experiencias. Pero son precisamente las experiencias las que nos negamos continuamente.

Es la perfecta pescadilla que se muerde la cola. La imagen del hámster en su rueda, corriendo y corriendo sin parar, sin darse cuenta de que sigue en el mismo sitio todo el tiempo.

Pero no es eso a lo que podemos aspirar en términos de libertad. Yo no creo que ninguno hayamos venido a este planeta para conformarnos con un trabajo de cuarenta horas a la semana que no nos apasiona, sólo para poder tener un montón de objetos caros, poder pagar las facturas, las letras y llegar a final de mes. Ni tampoco creo en la idea de que, por mucho que te guste tu trabajo, haya que esperar a la jubilación para poder disfrutar y vivir la vida con libertad.

¿De verdad? ¿Tengo que esperar hasta los 65 (o más) para poder disfrutar de hacer lo que quiero? ¿En la mente de quién suena apetecible esperar más de dos tercios de una vida para poder disfrutar de hacer lo que siempre has querido hacer? ¿Quién piensa que es una buena idea invertir los mejores años de tu cuerpo con el culo pegado a una silla de oficina?

Como el 99% de la gente, he estado ahí y he pensado así, simplemente porque es como está establecido. Pero lo siento, conmigo que no cuenten más.

Y digo todo esto desde mi propia experiencia personal, y no la de nadie más. Como ya he mencionado, gran parte de este libro lo escribí en una de mis mini-jubilaciones en una paradisiaca isla filipina, aprovechando los momentos en que mi dolorido cuerpo se relajaba después de aquellas duras jornadas de morder el polvo del suelo. Fui allí a hacer realidad uno de mis sueños relegados de mi adolescencia, aprender artes marciales y ser bueno en ello, en vez de dejarlo para un futuro lejano que ni siquiera sé si llegará. Así que sé que otro modelo es posible, y espero y deseo profundamente que si estás leyendo este libro, tú también creas que también es posible para ti. Montártelo por Internet es el vehículo perfecto para alcanzar ese otro tipo de vida que anhelas y te mereces.

Dicen que el primer paso para establecer una meta es buscar evidencias para que nuestra mente la acepte como plausible. Ya hemos visto algunas historias personales de gente que está viviendo el Factor Libertad, pero no son casos aislados. Cada año unas trescientas familias se hacen a la mar para hacer 15,000 millas desde Francia hasta el archipiélago de Nueva Caledonia en Oceanía, durante un periodo de 15 a 18 meses, llevando a sus hijos con ellos. Recorren la mitad del mundo viviendo en un velero, criando y educando a sus hijos a bordo, descubriendo cada puerto y ciudad por el que pasan, como Venecia o las costas tribales de la Polinesia.

En estos momentos hay familias enteras criando a sus hijos mientras dan la vuelta al mundo, cruzando America continental de arriba a abajo, recorriendo el Sudeste Asiático o viajando por el antiguo continente, viviendo periodos de varios meses en diferentes ciudades y países a lo largo de su ruta. Sólo tienes que entrar en www.VagabondFamily.org para poder ver cientos y cientos de perfiles de familias enteras planeando y viviendo sus sueños de recorrer el mundo con sus hijos.

No son ricos, ni les ha tocado la lotería, ni han heredado por sorpresa de una tía lejana a la que casi ni conocían. De hecho, vivir con el Factor Libertad cumpliendo sus sueños les cuesta incluso menos que vivir en sus ciudades (15 meses de aventura en un velero recorriendo el mundo, entre 13,000 y 14,000€).

El Factor Libertad es un estilo de vida consciente. Requiere cambiar algunas de nuestras antiguas creencias que ya no nos van a servir más. Si seguimos creyendo en obsoletos *mantras* como "*hay que trabajar para vivir*", está claro que la búsqueda de esa libertad será como la del Santo Grial, algo apetecible pero imposible.

El Factor Libertad también requiere de una consciencia más amplia a la hora de tomar decisiones personales y financieras. Tenemos que asegurarnos que establecemos las reglas del juego para facilitarnos el ganar la partida. Cuanto más ligero de equipaje vayas y más minimalista sea tu estilo de vida, más probabilidades de éxito tendrá tu proyecto y más cerca tendrás el Factor Libertad.

TU POTENCIAL ES TU RESPONSABILIDAD

Hay gente que se siente en la obligación de decirle a otros donde está el techo para sus sueños. Gente que de forma implícita y muchas veces explícita, van a dejar caer sus dudas, proyectar sus miedos o afirmar su certeza de que lo que pretendes hacer es una locura, algo irresponsable o quizás una tontería abocada al fracaso. Gente para la que el Factor Libertad es tachado sin rodeos de tontería imposible, y que tristemente, se convierte por tanto en algo imposible para ellos.

Esta gente que se dedica a invertir su tiempo en hacer pequeños a los demás, en vez de invertirlo en hacerse ellos más grandes como personas, son los *rompesueños*. Personas que quizás porque fracasaron intentando conseguir sus sueños o quizás porque alguien en su día, a lo mejor de niños, se encargó de ponerle a ellos *"los pies en la tierra"*, ahora repiten ese mismo patrón con otros. No es que lo hagan de mala fe, habrá muchos que incluso piensen que te están *ayudando* a que te des cuenta de que no es una buena idea, a centrarte, a reflexionarlo más, a no ser tan impulsivo... y lo hagan con la mejor de sus voluntades, sobre todo cuanto más cercanos se encuentren a ti.

Pero en realidad no deja de ser un límite a tu pasión y a tu potencial para soñar y conseguir grandes cosas. Y no tiene nada que ver con lo que ellos hagan o dejen de hacer, sino con cómo tú decides que eso te influencie o no.

¿Qué es lo peor que puede pasar si te atreves a aspirar a tus sueños? Honestamente. Lo peor de lo peor. ¿Qué fracases? Aunque falles en tu intento, siempre acabarás consiguiendo mucho más que si no te hubieras atrevido, y sin duda muchísimo más que todos esos *rompesueños* que ni siquiera se plantean intentarlo, porque directamente lo tachan de imposible. Es lo que diferencia a un *doer*: sabe que el éxito siempre está precedido por la acción. Si no arriesgas, no ganas. No tengas miedo del fracaso, porque el único fracaso real es no creer en ti mismo y en tus posibilidades. El resto, son sólo aprendizajes en la antesala del éxito.

Según Jim Rohn, reconocido autor y conferenciante motivacional, somos el resultado promedio de las cinco personas con las que más tiempo pasamos. Sin ser una idea respaldada por ningún estudio científico, si que es una idea sobre la que merece la pena pararse a considerar. Jim Rohn afirma que nuestra forma de pensar y de actuar está en gran medida moldeada por las personalidades y caracteres de esas cinco personas con las que más nos relacionamos en nuestro día a día. Te invito a reflexionar y a hacerte consciente de hasta qué punto opiniones, pensamientos y formas de actuar de estas personas con las que más interacciones tienes pueden llegar a influir de una forma inconsciente en tus opiniones, tu forma de ver las cosas o tus resultados.

Es tu responsabilidad asegurarte de no limitar tu potencial. Es tu responsabilidad cuidar de mantener tu Energía *Doer* bien alta. Es tu responsabilidad cuidar tu pasión y tu motivación por la vida como el bien más preciado que tienes, como la cantimplora de agua del explorador en mitad de la odisea de atravesar el desierto, consciente de la larga ruta que tiene por delante.

Por eso evita rodearte de gente pequeña, que busca limitarte para que seas pequeño como ellos. Rodéate de personas grandes, que disfruten haciéndote grande a ti también. Que te apoyen y te animen en tus logros y metas, en los momentos bajos y en los momentos álgidos, y para los que todo sea posible siempre que te lo propongas.

Tu proyecto, además de ser el vehículo perfecto para lograr el Factor Libertad, es una excelente forma de crecer como persona y ser una mejor versión de ti mismo. La puerta de entrada para una increíble aventura hacia el autodescubrimiento y la realización personal.

Tú puedes ser tu mayor límite pero también tu mayor posibilidad.

De ti depende.

NO APTO PARA TODOS LOS PÚBLICOS

Algo que me he dado cuenta al hablar del Factor Libertad con muchos emprendedores es que hay dos clases de personas para los que no es una opción posible.

La primera clase, emprendedores con éxito en sus proyectos, si les hablas de que si quisieran se lo podrían montar para no tener que trabajar cada día de la semana, para poder estar disfrutando y maximizando su tiempo libre; su reacción va a ser primero de incredulidad, y luego de negación:

— Pero si no tengo que trabajar, ¿qué hago entonces todo el día? ¿quedarme en casa aburrido?

La segunda clase, emprendedores también con éxito en sus proyectos, cuando les hablas del Factor Libertad, su reacción pasa más por una especie de negación condescendiente:

— No lo entiendes, es que a mí me encanta lo que hago ¿por qué querría dejar de hacerlo?

La primera clase suelen ser *yonkis* del trabajo, cuya máxima es *"más y más duro"*. Personas para las que el concepto de "éxito" en su mente lleva asociado sacrificio, sudor y dejar de lado todo lo que no sea trabajo. Personas que han sacrificado tantas áreas de su vida por su negocio, que si les quitas el trabajo, se sienten perdidas. Personas que, habiendo alcanzado la libertad financiera con su proyecto, siguen rigurosamente trabajando en horario de oficina de lunes a viernes, por costumbre, por miedo a delegar y perder el control o por miedo a que se caiga el chiringuito si ellos no están. Personas que si les dices que si quisieran podrían dejar de trabajar, te van a tachar de loco, simplemente porque su mente no concibe la idea de qué hacer con todo ese tiempo libre, cuando no hay nada que hacer.

La segunda clase sencillamente confunde pasión con libertad. Que tu proyecto te apasione es imprescindible y necesario, y el Factor Libertad no habla de dejar de hacer lo que te apasiona. Pero generalmente hacer algo que te apasiona es divertido hasta que se convierte en una obligación, y ese momento llega de puntillas, por la puerta de atrás y sin aviso previo. De repente estás haciendo lo mismo de cada día, pero ya esa pasión y alegría que tenías cuando empezaste tu proyecto, se han esfumado. Es la razón por la que la gente que convierte su hobby en su negocio, si no están atentos y son conscientes de esto, se acaban quemando con el tiempo de algo que en su día fue su pasión.

El común denominador en ambos perfiles es que el emprendedor ha acabado siendo absorbido por su propio proyecto y su libertad personal ha sucumbido al éxito del mismo. Por propia experiencia sé que es muy fácil no ver el camino de salida cuando uno está inmerso en el día a día de un proyecto que está funcionando con éxito, porque pierdes la perspectiva y lo que es más preocupante: tiendes a pensar inconscientemente que el éxito está ahí porque tú estás ahí.

Una de las grandes lecciones a nivel personal que me ha enseñado emprender, y que aún hoy hay momentos donde tengo que recordarlo a diario, es a disfrutar conscientemente del camino y no obsesionarme con el objetivo. Esa incesante búsqueda del éxito visualizada como una meta a la que uno llega y le dan el premio, se ha ido desvaneciendo con el tiempo y ha sido sustituida por lo único que realmente tenemos: el día a día y la posibilidad de hacer cada día de nuestra vida como queremos que sea la vida de nuestros sueños.

Pero aún queda esa sensación a veces en mi mente de querer llegar a algún sitio, de querer conseguir algo, de querer ganar la carrera. Es en esos momentos donde más hay que recordar que no existe meta, y que nunca existió, tan sólo en nuestra fantasía, porque es muy fácil vernos atrapados por esa continua e incesante búsqueda del éxito tal y como nos viene definido desde fuera en la sociedad: dinero, pertenencias y variados lujos.

Es sencillo quedarnos ahí estancados, olvidando que el éxito lo definimos nosotros tal y como queremos que sea, y no otros. Se trata de perseguir nuestros sueños y no los de nadie más. A lo mejor tu sueño es tan sencillo como tener un campo que poder cultivar con las manos. Ese es el verdadero éxito, y realmente es sólo una forma más de acercarnos al Factor Libertad.

Recuerda, se trata siempre de ganar en libertad. Para perderla no hay que montar tanto alboroto.

LAS CLAVES HACIA EL FACTOR LIBERTAD

El Factor Libertad se puede buscar y crear de infinidad de formas. Como ya hemos visto hay quien usa la estrategia de ahorrar y planificar para hacerlo posible. Otros deciden vender todas sus pertenencias o alquilar su vivienda. Otros invierten en bolsa y otros se dedican a trabajar a distancia.

Pero para aquellos como tú que lo van a hacer a través de montárselo por Internet, hay ciertas claves a tener en cuenta que sin duda van a hacer más sencillo el trayecto:

CRÉALO UNA VEZ, VÉNDELO MILES: Si tu proyecto es una tienda online de venta de bolsos personalizados hechos a mano, no es que no puedas aspirar al Factor Libertad, pero es más difícil hacer que tu proyecto escale y crezca sin que esté atado a tu tiempo. Busca complementarlo con algo que puedas crear una vez y venderlo muchas, una de las grandes ventajas que te brinda el mundo *online*. Ejemplo perfecto serían los productos digitales (e-books, aplicaciones, cursos, vídeos...) o los servicios. Inviertes tu tiempo en crearlo una vez, y sólo resta venderlo (y cobrarlo) miles.

NO VENDAS TU TIEMPO: Muy relacionado con lo anterior, cualquier modelo de negocio que vincule directamente ingresos con tiempo, de alguna forma está estableciendo un límite innecesario. Piensa que tu tiempo estará siempre restringido a 24 horas al día, pero sin embargo tus ingresos no tienen porque tener ningún tope de ningún tipo. Si decides vender tu tiempo, hazlo conscientemente y sobre todo haz que compense.

BUSCA INGRESOS RECURRENTES: No es lo mismo una transacción puntual como la venta de un producto, que vender una suscripción mensual a tu aplicación web o servicio. Piénsalo de esta forma: si tienes un producto que cuesta 15€ y vendes 100 un mes, tendrás 1500€ de ingresos brutos ese mes. Pero eso no te garantiza el número de ventas el próximo mes, que quizás sea mayor o quizás menor.

Si tienes un servicio que cuesta 15€ al mes y tienes 100 suscripciones un mes, ese mes tendrás 1500€ de ingresos brutos. Pero al siguiente también. Y al siguiente, a lo mejor puede que de esos cien se den de baja diez, pero habrán llegado otros treinta nuevos, y así sucesivamente. Un modelo de ingreso recurrente es mucho más sostenible en cuanto a crecimiento que un modelo puntual.

Y SOBRE TODO, CREA UN NEGOCIO, NO UN TRABAJO: La diferencia es sencilla pero aplastante. Un trabajo es algo que depende de que tú estés ahí para generar ingresos. Da igual que sea un trabajo de jefe o de *currante*, en tu negocio o en el de otro. En un trabajo, cuando tú no estás, las cosas dejan de funcionar. Un negocio de verdad sin embargo no debería necesitarte para seguir creando ingresos. Asegúrate de que lo que creas con tu proyecto es un negocio y no un trabajo disfrazado de negocio. Si ya eres emprendedor y crees que tienes un negocio, pero realmente no puede funcionar sin ti, entonces lo siento mucho pero has acabado creando un trabajo al que estás atado. No es de extrañar y por desgracia es la norma, dada la forma en que estamos educados para no buscar el Factor Libertad.

Yo con las ganas que tenía de dejar embarcarme a tiempo completo con mi proyecto, cuando dejé mi trabajo de oficina, en vez de un negocio acabé creando otro trabajo, y además uno no muy bueno. Trabajaba de media 12-13 horas al día, con maratones de hasta 16 horas (horas extras que nadie me pagaba por supuesto); no me concedían vacaciones tan fácilmente, porque cuando yo no estaba, las cosas no funcionaban;

y encima tenía el peor jefe que podía desear, súper exigente, malhumorado y siempre pidiendo las cosas para ayer: yo mismo.

Necesité no menos de seis meses para poder transformar mi proyecto de trabajo en negocio. ¡Así que no cometas mi mismo error!

Estas claves, aunque sencillas, son fundamentales a la hora de crear un proyecto online que verdaderamente trabaje para nosotros y no al revés. No es que sean un requisito imprescindible ni mucho menos. Hay muchísimos proyectos online que venden productos de forma puntual y están brindándole el Factor Libertad a su creador. Pero siempre está bien tenerlas en mente. Por ejemplo, si tu idea es vender productos de forma puntual, quizás puedas complementarla cuando esté funcionando con alguna forma de generar ingresos recurrentes a través de una suscripción. En la sección *"Modelos de Negocio"* estudiaremos con más detalle diferentes modelos y alternativas con las que generar ingresos online.

Hay también que señalar que no cualquier proyecto en Internet nos va a facilitar el acceder al Factor Libertad. Al igual que hay gente que se encadena a sus empresas en el mundo físico, como ya hemos visto, existe gente que se lo monta por Internet y acaba perdiendo libertad en vez de ganarla.

Es importante tener claro nuestro *"Porqué"* a la hora de empezar esta aventura y ser conscientes a lo largo del camino. Al final, el Factor Libertad se trabaja día a día.

¿QUÉ HARÍA UN DOER?

Estos son los pasos lógicos que un *doer* seguiría después de leer esta sección, y que te sugiero que (como buen *doer* que eres) hagas tú también:

DEFINE QUÉ ES EL FACTOR LIBERTAD PARA TI:

El Factor Libertad no es un concepto abstracto ni una idea etérea. No es algo disparatado que algunos afortunados sin ataduras pueden darse el lujo de experimentar por lujos o casualidades del azar.

Es un estilo de vida consciente proporcionado por un diseño de vida consciente. Es elegir cómo vamos a querer vivir y trabajar alineado para conseguirlo.

Por ello para alcanzarlo y poder vivirlo uno tiene primero que definirlo, concretarlo y poner muchos ejemplos y escenarios de cómo se va a ver que estás viviendo tu Factor Libertad. Y eso es lo que haría un *doer*.

Así que dedica 3-4 días a pensar y reflexionar sobre tu Factor Libertad. Usa papel y lápiz para ir escribiendo sobre tu propia definición de éste. Responde la pregunta "*¿Qué es para mi el Factor Libertad y cómo voy a saber que lo estoy viviendo?*". Añádele todo lujo de detalles, recreándote en ellos y haciéndolos realidad en tu mente. Sabiendo que tu proyecto en la red, tu negocio online, estará cubriendo las necesidades financieras necesarias para permitirte disfrutar de ese estilo de vida.

ENCUENTRA TU "PORQUÉ":

En esta aventura es fundamental tener claro nuestra motivación última, la razón más profunda por la que vamos a estar haciendo lo que vamos a estar haciendo. Puede que sea para poder disfrutar de nuestro propio tiempo, para hacernos ricos, para disfrutar viajando, para que nuestros hijos puedan ir a la Universidad, para ser nuestro propio jefe… da igual la razón. Pero es importante que reflexiones y encuentres tu "Porqué".

Dedica unos días a reflexionar y escribir sobre tu propósito último a la hora de crear un negocio en Internet. Busca la respuesta a la pregunta "*¿Por qué realmente quiero emprender online?*" y ten claro que este trabajo de reflexión tendrá un valor incalculable en las horas más oscuras de tu viaje.

En *www.VictorEspigares.com/montatelo-bonus* he preparado dos plantillas para descargar con estas propuestas de reflexión, listas para imprimir y empezar a rellenar.

CREANDO TIEMPO

LO MÁS ESENCIAL QUE VAS A NECESITAR DE AQUÍ EN ADELANTE

Quizás te estés preguntando *"Qué tendrá que ver el tiempo aquí, si yo lo que quiero es montármelo por Internet"*. Es sencillo: el tiempo ha sido, es y será tu mayor excusa hasta la fecha para no conseguir las metas que te propones.

¿Suena crudo? Quizás. Pero si miras hacia atrás y analizas con perspectiva porque no has llegado a conseguir aquellas cosas que querías conseguir, probablemente puedas verlo como denominador común. Para la mayoría de personas suele ser el mayor impedimento, excusa y auto-saboteo que les impide conseguir sus metas, y en este caso concreto, llevar a cabo sus ideas.

Todos estamos muy ocupados. Ya tenemos nuestro tiempo totalmente asignado en nuestras rutinas, relaciones, hábitos y trabajos. Hasta tenemos ya asignado el tiempo para malgastar nuestro tiempo, valga la ironía. Como somos animales de costumbres, cuando llega algo nuevo a nuestras vidas, o bien se abre paso en esa apretada repartición de tiempo a base de llantos a moco tendido que no podemos evitar atender (la estrategia bebé); o bien si es algo más silencioso, que ni molesta ni incordia si no le echamos cuentas, con toda seguridad va a quedar relegado. Y no a un segundo plano, sino a un quinto o decimonoveno.

Las malas noticias son que nuestro proyecto no va a quejarse ni a llorar hasta que le den hipidos cuando no le dediquemos el tiempo que se merece. La triste realidad es que vamos a tener que ser proactivos y aprender a crear tiempo de forma consciente para nuestra idea. Eso claro, si es que queremos verla convertida en una realidad en algún momento (cosa que verdaderamente espero, sino ya puedes cerrar este libro y retomar tu novela).

¿Por qué es el tiempo nuestro mayor impedimento a la hora de conseguir nuestras metas? Déjame que te dé una pista: el tiempo es una medida directa de nuestro nivel de compromiso. Al menos, en lo que a crear un proyecto de la nada se refiere.

Si no estamos verdaderamente comprometidos con materializar nuestra idea lo que ocurrirá es que siempre surgirá algo que se interpondrá entre nosotros y nuestro proyecto. Por mucho que desees y quieras, y te digas a ti mismo que de hoy no pasa, algo ocurrirá que te lo impedirá. Además es muy fácil de identificar. Suelen ser cosas que parece que están fuera de tu control y que aparecen sin previo aviso, *imposibles* de predecir. ¿Te suena?

Pero la realidad es que estos eventos están ocurriendo porque tú no estás realmente comprometido y determinado con aquello que dejas sin hacer. Si lo estuvieras, te garantizo que no ocurrirían, que podrías verlas venir y que sentirías que tienes cierto control para acomodarlo todo.

La buena noticia de esto es que es muy fácil de saber si realmente estás comprometido de verdad y no de boquilla con algo. Sólo hay que mirar si estás creando el tiempo para dedicárselo. Si es algo que realmente quieres hacer, pero que al final siempre ocurre un imprevisto (o varios) que te lo impide, ya sabes en qué punto estás. Puedes seguir en la negación, diciéndote que lo de hoy ha sido algo puntual y no se trata de un patrón, confiando en que mañana aparecerá por arte de magia ese hueco en tu agenda para que puedas ponerte con ello. Pero una mejor estrategia es ser honesto contigo mismo y replantearte seriamente tu nivel de compromiso.

En cualquier caso, el tiempo es lo primero de lo que tienes que adueñarte en esta aventura de emprender online, y por eso dedicaremos esta sección del libro para transformarte de siervo de tu tiempo, a amo y señor de éste.

LA VALIOSA RELACIÓN QUE UN DOER MANTIENE CON SU TIEMPO

Cuando nos alejamos mucho de nuestra Energía *Doer*, empezamos a interactuar con la vida como si fuéramos esclavos de nuestro propio tiempo. Nos movemos ajetreados de un lado para otro, sin apenas tiempo de respirar, estresados y quejándonos a la mínima del poco tiempo que tenemos y de todas las cosas que aún nos quedan por hacer.

Pero un *doer* se relaciona de otra forma con su tiempo. Un *doer* entiende y valora lo preciso y finito que es su tiempo. Por eso jamás malgastaría ni un sólo segundo quejándose de que no dispone de él. Un *doer* sabe que él es el dueño de su tiempo y no al revés. Un *doer* entiende que él *elige* emplear su tiempo haciendo una tarea u otra. Y como lo está eligiendo, tiene todo el poder para elegir de forma diferente si quiere.

Para un *doer* la gestión de su tiempo se basa en prioridades. Si necesita crear el tiempo para una nueva ocupación que acaba de surgir, le es posible hacerlo al basarse en este sistema de prioridades. Para otras personas esto sería o bien sencillamente imposible en sus cabezas o bien significaría aún más estrés, ya que intentarían cuadrar esta nueva tarea dentro de sus ya ocupadas agendas. Para un *doer* simplemente significa que una tarea con menos prioridad se queda fuera. Nada más.

En realidad no es tan diferente de como el resto de personas operan en el día a día con su tiempo. Si te paras a pensarlo, así es como gestionas tú también tu tiempo, a través de prioridades. Y está relativamente claro qué tiene preferencia cuando las prioridades están muy claras o existe mucho contraste en ellas. Si surge una emergencia, como que alguien en tu familia enferma, es obvio que todo lo demás se queda fuera hasta que la emergencia esté correctamente gestionada.

El problema reside cuando no eres consciente de tus prioridades. Esto hace que no tengas asignadas unas prioridades claras o que en los momentos cruciales sean difíciles de discernir. Si a esto le sumamos que del tiempo que pasamos despiertos al día, el mayor porcentaje no estamos siendo plenamente conscientes del uso que le estamos dando, tenemos una muy mala combinación.

Un *doer* simplemente tiene una mayor consciencia de en qué invierte su tiempo porque sabe lo valioso que es y se sabe dueño de él. Muchas personas ni siquiera son capaces de ver que están a cargo de su propio tiempo, y mucho menos lo valoran como debieran, así que dejan que sean las circunstancias u otras personas los que deciden que hacer con él.

No es que un *doer* sea una máquina con las 24 horas del día totalmente programadas sin posibilidad de malgastar ni un sólo minuto. Y por supuesto que hay veces que un *doer* malgasta inconscientemente su tiempo, como todo el mundo. Pero al tener una mayor consciencia sobre su tiempo, estos momentos o bien se convierten en momentos conscientes de dispersión para descansar o sino no se prolongan demasiado.

Todos tenemos 24 horas al día a nuestra disposición. ¿Por qué entonces hay individuos en el mundo (claramente *doers*) que son capaces de crear y conseguir tanto con el mismo tiempo que tenemos tú y yo? ¿Acaso Bill Gates dispuso de más tiempo que tú mientras los dos estabais estudiando? No, simplemente el tiempo bruto que tenía lo invirtió de otra forma. El resultado: hoy es una de las personas más ricas del planeta y una de las que mayores diferencias ha marcado y está marcando en grandes retos sociales, como la lucha contra el SIDA (más de 700 millones de dólares destinados), la malaria (456 millones de dólares) o el apoyo incondicional a la educación pública.

La clave está en saber que el tiempo es posible crearlo y que tú eliges en qué inviertes cada uno de tus preciados minutos.

CLAVES PARA ADUEÑARTE EFECTIVAMENTE DE TU TIEMPO

Si eres una de esas personas que no sienten que su tiempo les pertenezca, de nada sirve que hablemos de estrategias para crear o gestionar tiempo. Si partimos de la base de que interiormente *sientes* que tu tiempo no te pertenece, que tú no lo estás causando, sino que eres un efecto de él; nada de eso va a funcionarte. Ninguna herramienta, ningún truco, ninguna estrategia. Esta es la parte que casi todos los libros sobre gestión del tiempo se dejan fuera y la razón por la que eventualmente ninguna metodología funciona.

Así pues empezaremos la casa por los cimientos y no por el tejado, y para eso lo primero que tienes que hacer es adueñarte de tu tiempo. Lo cual es bastante más sencillo de lo que pueda parecer: simplemente tienes que declararlo como tuyo, tanto en voz alta como mentalmente. Una sentencia de afirmación positiva que te servirá para esto es:

Yo soy el dueño de mi tiempo y yo elijo cómo invertirlo.

Repítelo tantas veces como necesites a lo largo del día, hasta que para ti resuene por dentro como una realidad. Si eres una de esas personas a la que las circunstancias le superan y acabas el día sin saber cómo ni por dónde se ha esfumado todo su tiempo, quizás necesites declararlo con más frecuencia hasta que empieces a ganar consciencia de tu tiempo. Cada vez que sientas que tu día te supera, repítelo.

Estarás trayendo presencia a ese momento y cogiendo de nuevo las riendas de tu tiempo. Si por el contrario, eres uno de esos raros especímenes hoy día a los que su tiempo le suele generalmente obedecer, quizás no necesites repetirlo tantas veces, pero nunca está de más traer consciencia a esos momentos que todos sufrimos de piloto automático a lo largo del día.

El segundo paso después de adueñarte de tu tiempo, es la planificación consciente de tus prioridades. Para llevar a cabo tu proyecto lo más seguro es que tengas que crear el tiempo para ello de debajo de las piedras. Y ese tiempo que necesitas no va a salir de nuevas horas que se van a sumar a las que ya tienes. Ese tiempo va a salir de las horas que ya están cada día en teoría *"ocupadas"* en tu vida. Pero la buena noticia es que tu sistema de prioridades consciente te va a ayudar a ello, y es posible que descubras que lo que creías que eran 24 horas ocupadas, a lo mejor no estaban *tan* ocupadas.

Te propongo un ejercicio para tomar consciencia del uso que realizas con tu tiempo: Lleva una libreta contigo en todo momento y ve anotando durante tu día en qué inviertes tu tiempo. Para nuestro objetivo de tomar consciencia, es importante que la acción sea la de escribir físicamente en un papel con lápiz o bolígrafo, no teclear en el ordenador o anotar en un móvil.

Un ejemplo de una mañana mía cualquiera:

- 08:00 - 08:35: Meditación; ejercicios de visualización y agradecimiento
- 08:35 - 09:20: Trabajo (I): Responder correos
- 09:35 - 10:20: Entrenamiento
- 10:30 - 11:15: Ducha y desayuno
- 11:15 - 12:08: Trabajo (II): Primera prioridad
- 12:10 - 13:08: Trabajo (II): Segunda prioridad

- 13:08 - 13:21: Descanso y juego con Noah
- 13:32 - 14:38: Trabajo (III): Tercera prioridad
- 14:40 - ...

Es muy sencillo, sólo tienes que anotar las horas a las que cambias de actividad a lo largo del día. Por ejemplo, si a las 08:35 hago el primer bloque de trabajo, lo anoto. Cuando vaya a pasar a la siguiente cosa, en este caso entrenar, miro el reloj y vuelvo a anotar. Son las 09:35, así que anoto esa hora como hora en la que terminé el bloque anterior y como hora en la que empiezo el siguiente bloque. Y así sucesivamente.

Si pasas toda la mañana y/o la tarde en el trabajo, hazlo igual con las cosas que haces en el trabajo. Si pasas muchas horas de tu día delante de la pantalla de un ordenador puedes también usar software como RescueTime.com, que es un programita que tras instalarlo te manda por correo cada día información de en qué has empleado tu tiempo delante del ordenador: cuánto tiempo has pasado en según que páginas, o con qué programas, etc. Es muy útil además de gratuito, pero no sustituye el ejercicio principal de anotar en la libreta, sólo lo complementa. Anotar físicamente en un papel es lo más potente para ganar consciencia de en qué empleamos nuestro tiempo.

Haz este ejercicio a diario durante al menos una semana. Aprovecha que estás tomando nota de en qué inviertes tu tiempo, para recordarte que tú eres el dueño de él y traer consciencia a ese momento. Mucha gente se sorprende al realizar este ejercicio porque descubren la cantidad de horas que invierten en tareas que no son realmente trascendentales o importantes para ellos, las llamadas *fugas de tiempo*. O la otra versión: la cantidad de tiempo que invierten en tareas que verdaderamente requerirían mucho menos.

Cuando tengas información suficiente del ejercicio anterior, busca otra hoja en blanco y agrupa aquellas tareas que tengan cosas en común. Deberías acabar con una serie de bloques de tareas comunes, por ejemplo familia, amigos, ocio, ejercicio, transporte, trabajo, descanso, tareas domésticas, etc. que se adapte a tu rutina semanal. A continuación, reflexiona y tómate tu tiempo para asignarles a cada bloque de tiempo común un número del 1 al 10, según la importancia que para ti tenga ese bloque. Y por último añade tu proyecto a la lista y asígnale un número también.

Una vez tengas asignadas prioridades a cada bloque por separado, ahora pasa a comprobarlas todas juntas. Resuelve incoherencias cuando dos bloques tengan la misma prioridad (puedes usar decimales si te es más sencillo para ordenarlas). Cuando tengas todos los bloques con una prioridad única (es decir, que no haya otro bloque que la comparta), busca situaciones en las que las prioridades entre dos bloques cercanos estén difusas o poco claras. Para ello ve repasando las tareas que englobaste dentro de cada bloque e imagina qué ocurriría si otra tarea del bloque vecino (por arriba o por abajo) ocurre a la vez.

Por ejemplo, si de forma simplificada has marcado con una prioridad de 1 al bloque de la familia y de 2 al del trabajo, empieza a buscar casos conflictivos entre ambas para poner a prueba las prioridades entre esos dos bloques. Mirando las tareas que se engloban dentro de cada bloque, quizás podrías preguntarte "Si estoy pasando tiempo de calidad con mi familia (bloque familia) y me llega un email urgente de mi jefe pidiéndome un documento (bloque trabajo)... ¿qué ocurriría? ¿qué haría yo?".

El objetivo es encontrar inconsistencias en las prioridades que has asignado, que te obliguen a re-evaluarlas hasta que tengas delante un mapa cercano a la realidad de tu tiempo. Si encuentras inconsistencias, eso no significa que tengas que intercambiar las prioridades entre ambos bloques, sino que en ese caso en concreto tienes que priorizar con un mayor nivel de detalle. Puedes dividir un bloque en dos, y re-asignar de nuevo prioridades, hasta que se sienta consistente para ti. Repite este procedimiento y dedícale el tiempo que necesites hasta que no existan inconsistencias que puedas ver entre bloques o tareas. Tu sistema de prioridades debería reflejar de manera más o menos detallada tu uso del tiempo en tu día a día. No hace falta que sea exacto al detalle, pero sí lo suficientemente claro como para que cuando estés dedicándole tu tiempo a un bloque y ocurra una interrupción, sepas cómo gestionarla. Los conflictos entre tareas cuando uno no tiene claro su sistema de prioridades son unas de las grandes causas de pérdida de tiempo que existen, de ahí que este ejercicio sea de vital importancia.

Encuentra así mismo la prioridad real que le vas a querer asignar a tu proyecto y hazle hueco entre el resto de bloques. Cómo mínimo tienes que asegurarte que puedes dedicarle treinta minutos al día consistentemente, sin entrar en ningún conflicto de prioridades con otros bloques. Si puedes asignarle más tiempo algunos días, como por ejemplo en fines de semana, mejor que mejor. Pero un mínimo de treinta minutos al día es necesario para ir cogiendo inercia, como veremos en el capítulo *"Creando el Hábito de Crear"*.

Para hacer esto, una vez asignadas y claras las prioridades de todos los bloques, si por ejemplo está más alta la de tu proyecto que la rutinaria cerveza semanal con los amigos, entonces a lo mejor decides cambiar la frecuencia de esa actividad a una vez al mes y emplear el nuevo tiempo libre liberado en tu proyecto. Si en tu sistema de prioridades está por encima tu proyecto que ver la televisión un par de horas cada noche, entonces a lo mejor decides dejar de usar ese tiempo así y emplearlo en llevar a cabo tu sueño.

Todo es cuestión de prioridades, y por tanto el secreto está en aprender a hacernos conscientes del uso que le damos a nuestro tiempo y priorizarlo de forma consecuente con nuestros intereses.

PONLE PRECIO A TUS HORAS

Una de las formas más fáciles y a la vez eficaces para aprender a valorar tu tiempo es ponerle precio. Este es un concepto que, a menos que seas *freelance* o autónomo, suele sonar extraño a la gente. Pensar que tu hora cuesta 30€, 40€ o 100€ estando en casa sentado puede ser raro al principio. Pero es parte de la transición de trabajador por cuenta ajena a emprendedor con tu proyecto.

Encontrar tu precio por hora te va a servir para:

EMPLEAR TU TIEMPO CON INTENCIÓN: Una vez que sabes que tu tiempo *vale* dinero, eres menos propenso a mal utilizarlo y mucho menos a malgastarlo. Se acabó eso de estar trabajando con la televisión de fondo, totalmente a caballo entre ambas cosas pero sin estar en ninguna. Se acabó eso de estar pasando tiempo con tu familia e hijos y contestando emails con el *smartphone*.

Vas a saber emplear tu tiempo de forma mucho más consciente e intencionada. Si estás en un momento de ocio y relax disfrutando con tus hijos, estarás plenamente en ello haciéndolo al 100%, y posiblemente te sorprendas de lo revigorizado que te sientes después de emplear ese tiempo de forma consciente. Si estás en un momento de trabajo con la intención de finiquitar esa tarea del día y tacharla de tu lista, estarás al 100% concentrado en ello, nada de medias tintas, y posiblemente también te sorprendas de lo eficaz que eres al emplear tu tiempo intencionadamente.

ENTENDER LA IMPORTANCIA DE NO HACERLO TÚ TODO: Supongamos que tu precio por hora es de 30€. Encargar tareas consume-tiempo a un asistente virtual que cobra $3 por hora se convierte ahora en un chollo. Sí, te estaría costando dinero algo que podías estar haciendo tú, pero la mentalidad a adquirir es que delegar y *outsourcear* te está liberando tiempo que puedes emplear de una forma más productiva. Como por ejemplo en pensar y llevar a cabo nuevas formas con las que ganar más dinero con tu proyecto. Algo que sólo puedes hacer tú y que te va a reportar muchos más beneficios durante mucho más tiempo que, por ejemplo, gestionar uno a uno los pedidos que vas recibiendo, algo que podría hacer tu asistente virtual por ti. En la sección *"Ejecución"* desgranaremos todo lo que necesitas para *outsourcear* con éxito.

ENTENDER LA IMPORTANCIA DE PRIORIZAR: Así mismo, establecer tu precio por hora te va a ayudar a elegir más sabiamente entre las tareas que tienes pendientes por hacer. Vas a poder discernir con mayor claridad cuáles hacer, cuáles encargar a otra persona y cuáles directamente suprimir porque no son necesarias. El truco está en recordarse continuamente: *"mi tiempo me está costando dinero ¿dónde es mejor que lo emplee?"*. Algo que por otro lado, suele olvidarse, debido al viejo hábito de no darle el valor que se merece a nuestro tiempo. Así que sobre todo al principio, no dudes en preguntarte eso cada vez que te sorprendas haciendo algo que no tienes muy claro si es prioritario o no.

DEJAR DE CONSUMIR INFORMACIÓN QUE NO VAS A UTILIZAR: En la era de la información, con todo lo que quieras saber y más al alcance de dos clicks de ratón, es extremadamente sencillo malgastar tiempo consumiendo información que no vas a necesitar ni usar. En el siguiente capítulo hablaremos precisamente de la adicción a consumir información, pero sencillamente te vas a dar cuenta que todas aquellas horas que emplees en consumir información a la que no le vas a dar un uso directo e inmediato (excluyendo consumir información por placer, como una novela o ver una película, etc.), es malgastar tu tiempo y por tanto tu dinero.

Pero ¿cómo ponerle precio a tus horas? Si ya eres *freelance* o autónomo, es sencillo, tu precio por hora es el precio que estás cobrándole a tus clientes. Si trabajas por cuenta ajena y nunca te has planteado tu precio por hora, aquí van algunas ideas:

- Puedes fijarte en cuánto cobra un autónomo o *freelance* por tu zona desempeñando el mismo trabajo que tú. Dependiendo de cuál sea tu perfil esto es más o menos fiable. Por ejemplo, yo soy Ingeniero de Software de formación, pero en realidad por mi experiencia y trayectoria tengo un perfil de hombre orquesta mucho más amplio y variado, por lo tanto mi precio por hora va a ser mucho más alto que el de un ingeniero de software de a pie.

- Puedes coger tu salario anual más extras y dividirlo entre 1.700 que es a grosso modo las horas laborables que tiene un año. Pero simplemente realizando ese cálculo nos estaríamos dejando fuera una serie de variables muy importantes, como los impuestos que pagas y que paga tu empresa por ti, vacaciones y demás. Así que añádele a tu salario anual más extras un 30% y obtendrás un número más cercano a la realidad, aunque siga tratándose de un cálculo aproximado.

Date cuenta que un autónomo siempre va a cobrar más que lo que una empresa te paga por desempeñar las mismas tareas, simplemente por cuestiones de estabilidad, cubrir seguros, vacaciones, marketing, contabilidad y otro tipo de gastos que son horas que el *freelance* no puede cobrar a sus clientes, pero que tiene que invertir para poder llevar a cabo su profesión.

Yo personalmente me fiaría del precio de mercado de un *freelance* con el mismo conjunto de habilidades que tú tienes, y me quedaría con el que más alto cobre. Al fin y al cabo, si decidieras lanzarte al ruedo del autónomo esa es una cifra realista que podrías cobrar, según el mercado y la zona.

Tu precio por hora no es sólo un indicativo para ayudarte a valorar mejor tu tiempo. Es también una meta financiera a alcanzar con tu proyecto, ya que tu primer objetivo en lo que a ingresos se refiere será alcanzar esa cifra exclusivamente con los ingresos generados por tu proyecto. Por ejemplo, si tu precio por hora es de 50€, esa será tu primera meta en cuanto a ingresos con tu proyecto: generar 50€ por cada hora que trabajes en él.

Y a partir de ahí, empezar a subir el precio al que cotizas tus horas y a la vez reducir el número de horas. Es decir, conseguir que tu proyecto siempre iguale la cotización de tus horas al alza.

EL SECRETO PARA AUMENTAR UN 200% TU CONCENTRACIÓN, CREATIVIDAD Y ENERGÍA DOER

Hay quien dice que el ser humano es por tendencia negativo. Que en igualdad de condiciones tendemos al pesimismo, en vez de al optimismo. A creer que al final del túnel no vamos a encontrar luz, sino más oscuridad; y que encima esto lo llevamos en los genes. Seguro que hay hasta estudios científicos para demostrar tal descorazonador hecho y reafirmar a los que eligen ver de una forma tan negra la vida (no te preocupes, no los he buscado, ni pienso hacerlo).

Porque yo no soy uno de ellos, y espero que tú tampoco.

Bajo mi propia experiencia uno de los mayores problemas causantes de esta negatividad es que estamos siendo constantemente bombardeados y expuestos, la mayoría de las veces por propia voluntad, a información negativa que influye en nuestro estado de ánimo, en nuestra creatividad y en nuestra Energía *Doer* a un nivel mucho más profundo del que podemos imaginar.

Sin mencionar la cantidad de tiempo que pasamos al día de forma sistemática viendo telediarios, escuchando noticias, leyendo diarios... en definitiva, invirtiendo nuestro valioso tiempo en consumir información, por lo general negativa, que encima es irrelevante y no necesitamos para conseguir nuestras objetivos. Somos *yonkies* de la información, especialmente de la que menos necesitamos, la tóxica.

Hace años que tomé la decisión de atajar mi adicción al consumo de información y desde entonces no he vuelto a mirar atrás. No veo telediarios, no leo periódicos y no suelo escuchar la radio (y cuando lo hago, pongo sólo música). He dejado de leer los más de ciento y pico blogs que seguía para "poder estar al tanto" de todo lo que me interesa. He dejado de pasar horas y horas atiborrándome de información gratuita, sólo para ocupar tiempos muertos.

Ahora practico una dieta hipoinformativa total. Sólo consulto lo que necesito cuando lo necesito para dar el siguiente paso en mis metas. Se trata de practicar el arte de la ignorancia selectiva a nuestro favor. De elegir no exponerse conscientemente a este tipo de toxicidad y negatividad.

Cuando accidentalmente me veo expuesto a ese tipo de contaminación energética que está por doquier, puedo notar con mucha más claridad cómo empieza afectar a mi estado de energía y actitud. Es tan simple como prestar más de diez segundos de mi atención a una televisión encendida de fondo. Si no soy lo bastante consciente y me dejo atrapar por lo que dice la pantalla, cuando quiero darme cuenta estoy en un estado de baja moral muy sutil, que quizás antes de practicar esta dieta hipoinformativa podría haber ignorado o dado por "normal", pero que ahora me es totalmente evidente.

Es como si "la chispa" en mi interior se marchitara sutilmente, como si la ilusión de repente dejara de estar ahí de una forma totalmente silenciosa y las reservas de Energía *Doer* pasaran de estar burbujeantes en su pico máximo deseando ser canalizadas, a un estado inferior donde bien podrían quedarse para siempre sin que nadie las usara. Como resultado tengo la proactividad y las ganas de crear de una ameba. Así es fácil decir que el ser humano tiende al pesimismo.

Párate a pensarlo: el 99% de las noticias te son totalmente prescindibles y puedes vivir perfectamente sin ellas. De las importantes siempre te acabas enterando por un lado o por otro (alguien te las cuenta, las ves al pasar por un kiosko, las oyes aquí y allá...) y verdaderamente se vive más a gusto sin todo ese ruido deprimente de fondo. Habrá quién te diga cuán irresponsable es vivir "*aislado del mundo*", pero siempre le puedes preguntar a esa persona para que te ponga al día de los eventos recientes más importantes.

También es posible que escuches "*lo importante que es estar al tanto de lo que ocurre para poder formarte una opinión válida*" que es la otra versión que defienden los adictos a la información y que siempre me hace reír: ¡cómo si por seguir las noticias tu criterio fuera más válido! Con lo sesgados que están los medios, seguirlos no te garantiza para nada el formarte una opinión válida ni mucho menos crítica, sino más bien al revés, polarizada y sesgada.

Lo primero es que no necesitas tener una opinión formada sobre cualquier cosa que esté ocurriendo. Sólo la gente que quiere llevar la razón sobre su forma de ver el mundo lo necesita. La gente flexible y abierta de miras, no. Pueden escuchar opiniones diferentes sobre un tema y no sentir que tienen que posicionarse. Lo segundo es que si llegado el momento lo necesitas, siempre puedes recabar información de varias fuentes para hacerlo de una forma relativamente decente. Pero no tienes porqué estar atragantándote de información totalmente innecesaria cada día sólo para estar preparado por si llega ese momento.

Si todo esto te parece difícil de creer, haz la prueba, empieza una semana de dieta hipoinformativa y compruébalo por ti mismo. Eso significa que, al menos, durante siete días:

- Nada de telediarios. Si acostumbras a ponerlo de fondo en la comida o en la cena, sustitúyelo por música. Disfrutarás más tanto de la comida como de la compañía.
- Nada de prensa escrita, *online* u offline. Si eres de los que desayunando acostumbra a leer el periódico, en formato iPad o en formato papel, sustitúyelo por el placer de leer una buena novela.

- Nada de noticias en la radio. Reemplázalas por música.

- Nada de seguir blogs ni leer en Internet, más allá de la información que vayas a usar de forma inmediata.

- Deshabilita las notificaciones de las redes sociales y apps de mensajería y chat. Si es totalmente necesario, compruébalas sólo una vez al día durante no más de 15 minutos. Si necesitas usar las redes sociales para tu proyecto por ejemplo, existen programas que te permiten publicar y realizar el mantenimiento de tus cuentas sociales optimizando tu tiempo y sin entrar en la red social de turno (lo cual minimiza las probabilidades de quedarte enganchado perdiendo el tiempo).

- Deshabilita las notificaciones de correo y compruébalo sólo dos veces al día, una por la mañana y otra por la noche. Esta es de las más difíciles para los *yonkies* a Internet, y hablo por propia experiencia, pero te sorprenderás de los resultados.

Antes de consumir cualquier tipo de información pregúntate si de forma inmediata vas a hacer algo productivo con ella: "*¿necesito leer esto para realizar la tarea que tengo entre manos o es sólo mi adicción a la sobreinformación?*"

Durante esa semana obsérvate. Encontrarás no sólo que dispones de más tiempo, sino que probablemente te encuentres de mucho mejor humor, más propenso a la creatividad, con mayor capacidad de concentración y con la Energía *Doer* para manifestar resultados mucho más alta de lo habitual.

¿El secreto para aumentar tu creatividad, productividad, concentración y Energía *Doer*? En el bombardeo diario de información-ruido al que estamos sometidos la mejor estrategia es simplemente preservarla como nuestro bien más preciado. Sencillo ¿verdad?.

Hasta es posible que siguiendo la dieta hipo-informativa empieces a ver la vida de otro color, lo cual a veces parece imposible de difícil; pero no lo es.

ALGUNAS ESTRATEGIAS PARA HACER APARECER TIEMPO DE LA NADA

Especialmente durante los primeros años de vida de *VisualizeUs.com* mi vida social cambió bastante. Con 24 años dejé de invertir tanto tiempo en salir entre semana, en estar ociosamente con los amigos sin tener nada que hacer y en irme de fiesta los fines de semana. Mucha gente, especialmente de mi círculo social, no lo llegaban a entender. ¿Qué había cambiado? Por fuera, nada visible, pero por dentro había una gran diferencia: tenía un propósito. Quería crear algo grande de la nada y todo el tiempo que antes verdaderamente no ocupaba intencionadamente, todo ese tiempo ocioso (que no de ocio) pasé a invertirlo en ese propósito.

Si bien el tiempo dedicado a mi vida social se redujo, también se hizo más intenso. Así el menor tiempo que le dedicaba a salir, me lo pasaba mejor. El tiempo que dedicaba a estar con mis amigos era más valioso. La diferencia es que lo estaba empleando de forma intencionada y con la finalidad definida de divertirme y relajarme, y no sólo de forma ociosa sin un propósito claro. De la misma forma, me despertaba más temprano sin despertador ni pereza mediante, sólo para poder dedicarle unas horas adicionales a mi proyecto antes de ir al trabajo.

En otras palabras, empecé a activar y crear el tiempo de donde no sabía ni que lo tenía.

Vamos a ver algunas estrategias para crear tiempo de la nada. Todas son 100% aplicables independientemente de cual sea tu situación actual. Pero una advertencia: si te encuentras poniéndote muchas excusas mentales sobre cosas que sacrificar, lo liado o liada que ya estás, lo imposible que es para ti aplicar alguna de estas estrategias que vamos a ver... sólo párate a preguntarte honestamente si estás verdaderamente comprometido con tu proyecto, no sólo con el deseo o la idea de hacerlo; y luego revisa de nuevo tu sistema de prioridades.

Algunas estrategias para crear tiempo de la nada:

BUSCA EN TU DÍA A DÍA HUECOS DE TIEMPO OCIOSO-IMPRODUCTIVO: Huecos de tiempo improductivos son aquellos en los que estás atontado delante de la tele, haciendo refresh por decimocuarta vez en Facebook (y no, nadie ha puesto nada nuevo ni interesante desde la última vez) o leyendo cada tweet que publican en tu Twitter. Ojo, hay que aprender a diferenciar entre tiempo empleado conscientemente para descansar o relajarnos (ocio) y tiempo ocioso improductivo. No es lo mismo aunque creamos erróneamente que sí. La mayoría de las veces el tiempo ocioso improductivo nos deja con la energía más baja de lo que estábamos, en vez de descansados y revigorizados.

APROVECHA EL TIEMPO DE TRANSPORTE: Si vas al trabajo en medio de transporte público y tienes todos los días bastante camino para ir de casa al trabajo y viceversa, aprovecha ese tiempo. Puedes desde escribir temas para el blog de tu proyecto hasta realizar tareas más serias usando la conexión a Internet de tu *smartphone* y un simple portátil. Si vas al trabajo conduciendo con tu coche, tu *smartphone* y el control por voz son tus aliados. Puedes desde escuchar audiolibros educativos o podcasts relacionados con tu proyecto, hasta grabar puntuales notas de voz con ideas o temas que luego desarrollar (¡pero sé responsable con tu seguridad! las dos manos siempre en el volante, los ojos en la carretera y el teléfono en su debido soporte).

HORAS DE SUEÑO: Las horas de sueño pueden ser una buena fuente de tiempo, siempre y cuando descanses lo recomendable, es decir, que no te levantes con sensación de cansancio. Si estás más activo por las noches, puedes acostarte un poco más tarde y rascar ahí una hora de productividad. Si por el contrario estás más activo al despertar, puedes levantarte más temprano y optimizar la mañana antes de ir al trabajo para sacar tiempo ahí. Una pequeña diferencia que marcará un gran cambio en la energía con la que te levantas y afrontas el resto del día, aunque estés durmiendo menos, es cómo de sincronizado está tu despertar con tus ciclos de sueño. Prueba a instalarte alguna aplicación en tu móvil (por ejemplo <u>Sleep Cycle</u> para iPhone) que monitorice tus ciclos de sueño y haga sonar la alarma para despertarte en el mejor momento posible. Notarás como te despiertas sin sueño y descansado.

USAR LOS TIEMPOS MUERTOS EN EL TRABAJO: Si en tu trabajo diario estás delante de una pantalla con acceso a Internet, esta estrategia puede ser interesante. Asumámoslo, ningún trabajo requiere el 100% de atención durante el 100% del tiempo. Puede que tengas más o menos oportunidad de dedicar algunos huecos muertos a investigar esto o aquello de tu proyecto, dependiendo de la idiosincrasia de tu trabajo, y siempre y cuando cumplas primero tus responsabilidades laborales. Eso sí, si piensas que esta estrategia te puede causar problemas, mejor ni intentarlo. En mi experiencia personal me ha servido para crear tiempo, así que merece ser incluida, pero no juegues con fuego.

IDENTIFICAR Y USAR LOS TIEMPOS MUERTOS EN EL DÍA A DÍA: Desde estar en la cola del banco hasta estar atrapado en un atasco infernal son situaciones de "tiempo muerto" en las que únicamente te dedicas a esperar que algo externo ocurra. Obviamente no puedes usar esos tiempos muertos de espera para sacar tu portátil y ponerte a trabajar, pero sí los puedes usar para llevar a cabo sesiones de ideas de alto nivel en lo relacionado con tu proyecto. Desde formas de incrementar ingresos, funcionalidades o cómo expandirte a otros mercados, hasta en general cualquier cosa que requiera de tu intelecto dependiendo del estadio en el que se encuentre tu idea. Por eso, como ya hemos mencionado en otros puntos del libro, es conveniente ir siempre acompañado de una libreta en la que poder escribir y trabajar sobre esas ideas que se te pueden ocurrir en la cola del supermercado y que si no anotas sobre la marcha, cuando llegue tu turno a la caja, probablemente ya se hayan desvanecido.

Estas son sólo algunas estrategias. Dependiendo de tu tipo de rutina diaria seguro que puedes desde crear huecos basándote en tu sistema de prioridades, hasta encontrar huecos sin explotar de donde sacar una simple media hora que puede convertirse en algo muy productivo, como veremos a continuación.

INTRODUCCIÓN A LA METODOLOGÍA DE ALTO RENDIMIENTO PERSONAL

La productividad, la eficiencia en el uso del tiempo y sobre todo el sentirte satisfecho de tu día a la hora de irte a dormir son temas que siempre me han apasionado y sobre los que he investigado profundamente, y más especialmente desde que decidí lanzarme a la aventura de emprender y crear algo por mi cuenta.

La idiosincrasia de montárselo por Internet, sobre todo si queremos reducir al mínimo los riesgos a asumir (cosa que queremos), es muy propia y con unas circunstancias muy especiales, lo que hace que no todas las técnicas o metodologías disponibles sobre gestión del tiempo sean válidas bajo estas reglas del juego.

Por esto, mi búsqueda personal en este área se ha centrado siempre en cuatro claves que considero que son básicas a la hora de gestionar tu tiempo para montártelo por Internet:

1. *Concentración:* Como veíamos en capítulos anteriores, la concentración es la que nos va a permitir aprovechar cualquier mínimo espacio de tiempo libre disponible de una forma eficiente, y así poder compatibilizar nuestro proyecto con todo el resto de obligaciones que ya tenemos (trabajo, familia, etc). Dado que las circunstancias no siempre son las ideales, poder exprimir el máximo de concentración de cualquier hueco de tiempo es clave.

2. *Paralelismo:* Como ya habrás comprobado a estas alturas, crear un proyecto online requiere llevar muchos sombreros diferentes: unos días juegas a ser diseñador, otros experto en marketing, otros programador… (no te preocupes, cubriremos todos los necesarios en el libro). La metodología que usemos nos debe permitir poder llevar hacia delante todos estos frentes en paralelo y con la mínima pérdida de concentración posible al cambiar de uno a otro.

3. *Satisfacción:* En el día a día de emprender online, nuestra satisfacción con lo que conseguimos ayer será la energía y motivación para mañana. Por eso es vital buscar siempre maximizar la satisfacción al final del día con lo que hemos realizado, y no quedarnos con la sensación de haber rendido poco, de habernos quedado a mitad o de cuánto nos queda aún por hacer.

4. *Minimalismo:* He probado sistemas de gestión del tiempo tan complejos y sobrecargados que necesitabas dedicar un mes en exclusiva aprendiéndolos para empezar a pillarle el punto. En mi opinión un sistema de gestión del tiempo tiene que ser tan sencillo que no añada ninguna sobrecarga a las tareas que ya tienes, tan transparente que no te des cuenta de que lo estás usando y tan simple que no necesites ninguna herramienta específica propia del sistema para llevarlo a cabo.

Creo poder decir sin exagerar que he probado docenas de sistemas, metodologías, técnicas, conceptos e ideas en este campo. Unas me han funcionado mejor y he seguido investigando por ese camino, otras no han encajado muy bien con estos cuatro criterios y han quedado desechadas. Otras han sido troceadas y sólo las partes útiles han permanecido en el flujo de trabajo, para acabar adaptándose con el resto de piezas que como ellas, pasaban la criba e iban haciendo funcionar el puzzle.

Con el tiempo, a base de probar unos sistemas y otros y de ir recuperando piezas funcionales de aquí y de allá, el puzzle ha ido cobrando forma y de una forma natural ha acabado siendo lo que denomino Metodología de Alto Rendimiento Personal.

La Metodología de Alto Rendimiento Personal cubre toda la gestión y duración de un proyecto, desde la optimización diaria (micro-escala) hasta la planificación a largo plazo (macro-escala) y cubrirla entera daría en si misma para otro libro. Pero la parte más esencial a efectos de echar a rodar tu idea y conseguir llegar a buen puerto, es sin duda aprender a sacar el máximo partido a tu día a día.

Porque trabajando cada día en la dirección adecuada será como construyamos grandes cosas.

LA MICRO-ESCALA DE ALTO RENDIMIENTO PERSONAL: EL DÍA A DÍA EN BLOQUES DE 30 MINUTOS

La micro-escala de la Metodología de Alto Rendimiento Personal es la que va a determinar cómo conseguimos el máximo de productividad junto con el máximo de satisfacción personal cada día que le dediquemos a nuestro proyecto.

Una de las piezas fundamentales que forman la micro-escala de la metodología es la llamada Técnica Pomodoro. Desarrollada por Francesco Cirillo a finales de los 80, se basa en dividir nuestro tiempo en bloques de 30 minutos (un *pomodoro*) de los cuales 25 serán de gran concentración trabajando y 5 de descanso activo. El nombre "*pomodoro*" proviene de los temporizadores de cocina con forma de tomate que el autor usaba para contar sus treinta minutos cuando desarrolló esta técnica.

No tiene más ciencia que esa: veinticinco minutos de trabajo y cinco de descanso activo. Limitamos así nuestra concentración a un intervalo pequeño de tiempo con objeto de maximizarla y a la vez minimizar la dispersión mental y las interrupciones. Lo que más me gusta, aparte de su simplicidad y efectividad, es lo adaptable que es a cualquier rutina y escenario.

En Alto Rendimiento Personal los *pomodoros* que hacemos son de 20 minutos de concentración y 10 de descanso activo. He descubierto que veinte minutos al ser menos tiempo refuerza más el estar altamente concentrado y rendir más, y a su vez diez minutos proporciona más aire en el cambio de un *pomodoro* a otro. Por supuesto, lo mejor es que experimentes por ti mismo y encuentres la proporción que mejor resultado te da personalmente.

Así es como funciona la micro-escala de la metodología de Alto Rendimiento Personal:

DE ENTRE TU LISTA DE TAREAS PENDIENTES, simplemente elige un máximo de 3 para realizar en el día (no más de tres, pero pueden ser menos). Anota esas tres tareas en una nueva hoja y ponlas delante de ti en un sitio bien visible. Guarda la lista del resto de tareas pendientes hasta el siguiente día.

> *"Un doer entiende que conseguir metas se asemeja más a una carrera de fondo que a un sprint. Por eso cuida el ritmo para no quemarse, y sabe cuándo hay que parar para repostar energías, con el objetivo de poder seguir hacia delante."*

Así que lo que queremos es asegurarnos ese sentimiento de satisfacción y éxito al final de la jornada, el saber que hemos hecho todo lo prometido ese día, porque es lo que constituirá el combustible para el siguiente *round*.

Si te parece que tres son pocas, no te dejes engañar, y ponte tres. Si te sobra tiempo después de haber terminado esas tres, dedícalo a formación, pero muy importante: bajo ningún concepto empieces otra tarea de la lista. Es una trampa en la que es muy fácil caer envalentonado porque ya hemos terminado las tareas asignadas y que con toda seguridad arruine tu sensación de éxito para ese día. Limítate a tres tareas y sólo tres.

Realiza la elección de las tres tareas del día al final de la jornada anterior. Así cuando te levantes con las pilas cargadas no perderás tiempo ni energía pensando o decidiendo qué hacer ese día, sino que directamente podrás enfocar toda tu concentración en ponerte manos a la obra con las tareas elegidas.

ESCOGE LA PRIMERA TAREA DE LAS TRES ASIGNADAS ese día y empieza a dedicarle *pomodoros* en función del tiempo del que dispongas. Un *pomodoro* en Alto Rendimiento Personal es un intervalo indivisible de 30 minutos, repartidos en 20 minutos de trabajo concentrado, seguidos de 10 minutos de relax activo intencionado. Es importante la palabra "indivisible". Quiere decir que especialmente durante esos 20 minutos de trabajo, cero interrupciones, cero cambios de tarea y cero distracciones.

Si una interrupción externa surge durante esos minutos de *pomodoro* (alguien te llama al móvil, llega un mail urgente que atender, alguien llama a la puerta, te escriben al Whatsapp, etc.) o bien lo anotas y lo pospones hasta que acabes el *pomodoro*, o bien interrumpes el pomodoro y luego no lo retomas, sino que empiezas de nuevo un pomodoro entero. Lo mismo ocurre con las interrupciones internas ("*anda, me olvidé de sacar esas entradas*", "*tengo que devolverle la llamada a Jose*", "*prometí que mandaría ese mail hoy*" etc.).

La mejor forma de minimizar las interrupciones es hacerlas desaparecer de tu lado. Por ejemplo, un mail urgente que atender no puede distraerme porque tengo deshabilitadas las notificaciones de correo y no lo miro durante el tiempo del *pomodoro* (si yo puedo sobrevivir sin mirar el correo durante 20 minutos, tú también). Si alguien me llama al móvil o me escribe por *Whatsapp* no me entero porque a) pongo el móvil en silencio (no en vibración), b) no lo tengo en la misma habitación y c) no lo cojo hasta que no acabe el *pomodoro*. Te sorprenderías lo libre de interrupciones que pueden ser tus *pomodoros* si estás claro en no ser interrumpido y rendir por completo durante esos minutos.

Para llevar control del tiempo ten un reloj visible delante. No te hace falta un reloj de cocina con forma de tomate, con cualquier reloj o cronómetro sirve (lo siento, sé que te hacía ilusión). Existen multitud de aplicaciones para todos los sistemas operativos y *smartphones* que te pueden servir, simplemente haz una búsqueda con la palabra *"pomodoro"* en cualquier app store. Si quieres una versión web puedes usar Moosti.com. Personalmente me gusta que el reloj haga un pequeño sonido o *"tic"* durante el *pomodoro* (muchas aplicaciones incorporan esto) porque escucharlo me ayuda a no dispersarme durante ese intervalo de tiempo.

DESPUÉS DE HACER CUATRO POMODOROS, haz un descanso largo de 15 - 30 minutos. Tanto los descansos largos como los cortos al final de un *pomodoro* tienen que ser activos e intencionados. Es decir que si estás delante del ordenador o sentado haciendo algo, tienes que levantarte y cambiar de entorno. Yo aprovecho para brindarle a mi cuerpo movimiento de calidad para contrarrestar el tiempo sentado como por ejemplo estirando, bailando o haciendo la vertical. Otras veces simplemente medito un poco en la terraza al sol, escucho algo de música o tengo una conversación interesante con otro ser humano.

Lo que sea que te haga oxigenar la mente y el cuerpo. Pero hagas lo que hagas, no sigas delante del ordenador y uses ese tiempo de descanso para mirar Twitter o Facebook o ver alguna web. Eso no es relax ni para tu mente ni para tu cuerpo. Acuérdate de cuando poníamos precio a tu tiempo: el descanso es descanso, el trabajo es trabajo. No los mezcles.

ANOTA EN TU LISTA DE TAREAS DEL DÍA (la que tienes visible en todo momento) los *pomodoros* que vas haciendo en cada tarea. Tacha las tareas cuando las hayas terminado. Para mi esta acción es mucho más valiosa si lo haces con tu puño y letra, en vez de usar una aplicación, por ejemplo. Primero, te permite tener la hoja física visible durante todo el tiempo que estés trabajando, lo cual ayuda mucho en los momentos en los que te das cuenta que has empezado a dispersarte; y segundo, la acción física de tachar una tarea representa una gran recompensa psicológica.

Si arrastras tareas sin terminar de un día a otro, es síntoma de que tu división de tareas es demasiado grande para el tiempo del que dispones a diario. Es importante que cada día acabes con la sensación de haber terminado las tareas de ese día, porque eso va a alimentar el combustible de motivación que necesitarás para los siguientes días. Si tus tareas son demasiado grandes para terminarlas en el tiempo que dispones para tu proyecto al día, entonces subdivídelas en tareas más pequeñas.

Como comentaba en el capítulo anterior existen decenas de metodologías y técnicas en el campo de la gestión del tiempo. Yo he destilado todo aquello que he ido probando y satisfacía mis criterios en cuanto a concentración y satisfacción. La micro-escala de la metodología de Alto Rendimiento Personal es para mí una de las formas más sencillas pero a la vez más efectivas de optimizar tu día a día. Pero no es magia y al final depende de ti mismo y tu fuerza de voluntad, no de la técnica o metodología (créeme, también se pueden hacer *pomodoros* extraordinarios de dispersión y *procrastinación*).

Independientemente del mecanismo que se use, considero que la clave en cuanto a maximizar la sensación de productividad al final del día reside en darse cuenta que el "ganar" o "tener éxito" depende de lo que tú mismo te establezcas como meta.

Así que no seas muy exigente contigo mismo, aprende a poner el listón bajo a posta, y con seguridad ganarás en satisfacción para tener el combustible necesario día tras día.

DIRECTO AL GRANO O CÓMO EVITAR PERDERSE EN LA FRONDOSIDAD DEL BOSQUE

Durante el periplo que es convertir tu idea en una realidad tangible es fácil verse perdido en el camino. Son muchos frentes con muchas decisiones, que si no tenemos claro nuestro siguiente paso en el bosque, es muy posible que las ramas no nos dejen ver el sendero.

Una de las encrucijadas que encontrarás y donde más suelo ver perderse a la gente, es con lo que podríamos denominar *burocracia* de un proyecto. Son ese tipo de tareas que no están intrínsecamente relacionadas con materializar tu idea, es decir, que no las necesitas para convertir tu idea en una realidad online que la gente pueda usar, pero que de alguna manera *hay que hacer*.

Esa *burocracia* incluiría tareas como registrar una marca, registrar la propiedad intelectual de tu proyecto (generalmente para evitar que te lo copien, un gran mito del que hablaremos en la sección "*Optimización de la Idea*"), darse de alta como autónomo, crear una sociedad, pedir ayudas y subvenciones, preparar el famoso (e innecesario) plan de empresa o plan de negocio, etc.

Intrínsecamente no hay nada malo en ninguna de esas cosas del papeleo y la burocracia. El problema es *cuándo* hacerlo.

No serías el primero ni la primera que decide montárselo por Internet y cae en el error de creer que hay que dar todos los pasos legales *antes* de crear su proyecto. He visto la historia demasiadas veces. Te puedo garantizar que las probabilidades de que ese proyecto vea la luz y tenga éxito acaban de reducirse a la mitad de la mitad. Y lo peor es que de esto no se suele hablar, ni es algo de lo que puedas leer *online*, pero sin duda es la semilla del cáncer que puede acabar con tu proyecto antes incluso de que haya nacido.

Casi puedo ver la escena: el día que esa persona por fin haya terminado con los trámites burocráticos de turno, llegará a casa, se dejará caer totalmente rendida en su sofá y su satisfacción será efímera cuando se dé cuenta de que si bien ahora tiene unos bonitos papeles oficiales que atestiguan "cosas", su idea sigue estando igual de lejos de ser una realidad que antes de tenerlos.

O la otra versión, aquel que finalmente decide lanzarse con su idea y lo primero que hace es invertir una cantidad nada desdeñable de tiempo escribiendo y preparando un plan de negocio de como mínimo cuarenta páginas, repleto de cifras, proyecciones basadas en suposiciones inventadas y gráficas coloristas en tres dimensiones. Porque es *"lo que ha leído en Internet que hay que hacer para emprender"*. Cuando acabe el plan de negocio orgulloso, alguien tendría que decirle que, tristemente, su idea dista tanto de ser una realidad como lo hacía antes de tener ese archivo de Word en su portátil.

Tanto tu tiempo como tu energía son sagrados y así debes tratarlos. No cometas el error de embarcarte en trámites burocráticos, o derivados, que chupen tus reservas de Energía *Doer* sin ni siquiera tener tu idea desarrollada. No estoy diciendo que ignores completamente el aspecto burocrático y legal (y no lo hagas o puedes tener problemas) ni que un plan de negocio sea algo totalmente inútil (sólo a partir de la tercera página). Pero si estoy diciendo que todas esas cosas tendrán su momento cuando verdaderamente tu idea sea una realidad que la gente pueda usar, y empiece a despegar y funcionar. Entonces es cuando sí se hace necesaria y justificada la estructura legal correspondiente.

Invierte tu Energía *Doer* en las tareas que sientas que más te hacen avanzar hacia lo que es tu primera meta: tener materializada tu idea online. No te dejes distraer por los detalles, ni por los planes de empresa, ni por la burocracia, ni por la perfección. Ve siempre buscando lo mínimo con un buen nivel de calidad que te funcione, priorizando las tareas que más lejos te van a hacer avanzar hacia tu meta, y cuando hayas alcanzado esa meta, pasa a la siguiente: hacer que la gente use tu proyecto y crear ingresos con él.

¿De qué sirve que inviertas tus esfuerzos en registrar tu marca de camisetas si ni siquiera sabes si a la gente le van a gustar? Lo primero es ponerlas online y conseguir que la gente las conozca. Ver si les gusta y sino ir afinando con tus diseños hasta que des con la tecla. Para registrar la marca siempre tendrás tiempo.

Pero vamos a aplicar esta filosofía también a tu idea. ¿De qué sirve que inviertas tu tiempo en crear veinte diseños diferentes con los que lanzar tu tienda? Crea sólo cinco (¡o tal vez sólo uno!) y cuélgalas lo antes posible para saber si vas bien encaminado. ¿De qué sirve que pierdas tiempo inicialmente montando tu *store* en inglés y en español, y ofrezcas envíos a cualquier lugar del mundo? Centra tus energías en el mercado que creas con más posibilidades y olvida (de momento) el resto. Cuanto más concreto sea tu mercado, más sencillo es de atacar. Y una vez que tu idea sea una realidad, ¿de qué sirve que directamente te embarques en crear una sociedad? Céntrate en hacer que la gente conozca y use tu proyecto, en tener ingresos y el tiempo justificará todos los trámites legales y burocráticos del mundo.

No malgastes tu energía ni el tiempo del que dispones. Se práctico, pragmático y *doer* al extremo. Cuestiónate siempre si la siguiente tarea que crees necesaria es la que más te va a hacer avanzar hacia tu meta, y antes de responderte convencido que sí, amplía tu perspectiva y busca otras posibles tareas que quizás te hagan avanzar más. Sólo cuando no las encuentres podrás afirmar que sí, que esa es la siguiente tarea que más lejos te va a llevar en ese momento.

Enfoca tu energía como si fuera un láser de alta concentración en esas tareas que más avance te vayan a proporcionar y evita dispersarte entre aquellos detalles, burocracias o perfeccionismos que sólo acabarán chupándote la Energía *Doer* a cambio de haber avanzado un pequeñito paso de tortuga.

CREANDO EL HÁBITO DE CREAR

La clave para conseguir logros personales, objetivos o cualquier meta que te propongas se basa siempre en dos pilares: empezar en pequeño y constancia. Como bien dijo el político y escritor británico Benjamin Disraeli:

> *El secreto para el éxito es la constancia en un propósito.*

Por ahora nos vamos a centrar en la parte de la constancia, y dejaremos la parte de empezar en pequeño para la sección de *"Optimización de la Idea"* donde hablaremos sobre las ideas y porqué es conveniente empezar en pequeño.

En anteriores capítulos hemos estado trabajando con nuestro sistema de prioridades, creando activamente tiempo para nuestro proyecto en nuestra agenda del día a día. Pero tener éxito llevando a cabo nuestra idea no sólo se reduce a la gestión del tiempo, sino que hay que crear hábitos que apoyen y soporten el logro de convertir tu idea en una realidad. Sin esta pieza fundamental todo lo demás se cae. Y el enfoque es el mismo que ya veníamos adelantando: empezar pequeño y con constancia.

A estas alturas, si has realizado el trabajo propuesto con tu sistema de prioridades (y si no lo has hecho aún ¿a qué esperas?), ya deberías disponer como mínimo de treinta minutos al día para invertirlos en tu proyecto. Pueden ser para trabajar en él, para pensar en aquello que tengas que pensar, para realizar investigaciones de cosas que tengas que averiguar o incluso para leer este libro. Dependiendo de qué tipo de treinta minutos se traten los irás adaptando a un tipo de tarea u otra. Por ejemplo, si los martes los tienes especialmente llenos en tu agenda y la única forma de disponer de esos treinta minutos es durante el tiempo que pasas en el transporte para ir al trabajo, pues usarías ese tiempo del martes para tareas como por ejemplo resolver o pensar aquello que necesites pensar, etc. La cuestión es que cada día tengas al menos 30 minutos para hacer cualquier cosa que esté relacionada con tu proyecto.

A partir de ahí, el siguiente paso es llevar la regularidad a esos intervalos de treinta minutos y convertirlos en un hábito. Lo ideal es que ese tiempo diario para tu proyecto sea regularmente a la misma hora todos los días. Por ejemplo, todos los días después de la cena. Si no es posible por cuestiones de agenda, intenta al menos que sea a la misma hora cada día, por ejemplo, todos los miércoles después de la cena, los martes y los jueves antes de ir al trabajo, etc. Adáptalo lo mejor que puedas, pero siempre con la intención de crear un hábito con ello. El motivo es que es mucho más fácil para la mente si lo haces cada día a la misma hora o si sigues algún tipo de patrón que para ti (y tu agenda) tenga sentido: después de la cena, antes de ir al trabajo, después de entrenar, etc.

De otra forma le estamos dejando abierta la puerta a la mente para encontrar excusas o postergaciones a la hora de hacerlo, y tendrás que tener la suficiente fuerza de voluntad para saber no ceder ante ella (y no siempre la vas a tener). Es mucho más sencillo si anclas ese intervalo dedicado a tu proyecto a una hora fija o a un evento regular y constante, y se convierte en algo automático sin que requiera la participación de tu mente (quiero/no quiero, puedo/no puedo, me apetece/no me apetece, estoy cansado, etc). De esta forma vamos trabajando hacia construir un hábito de ello.

Al principio, puedes usar alarmas o cualquier sistema que para ti funcione, para recordarte que en veinte minutos empieza el intervalo de tiempo para tu proyecto. Con el tiempo, no lo necesitarás, pero quizás a la hora de empezar sea conveniente. Busca la solución que mejor funcione para ti, hay muchas apps para móviles que te pueden ayudar[1].

Tenemos una parte de la ecuación cubierta: anclar ese intervalo de tiempo a una hora o a un evento regular. Nos falta la otra parte de la ecuación para convertirlo con éxito en un hábito: la recompensa mental.

Para la recompensa el método más eficaz que existe es a la vez el más sencillo y casi el más ridículo. Pero funciona y lo hace a lo grande. Es el llamado Método Seinfeld en honor a su supuesto creador[2], el cómico y actor Seinfeld. Hazte con un calendario en papel, ya sea imprimiéndolo o alguno grande que tengas por casa. Si no tienes ninguno a mano, en mi web *www.VictorEspigares.com/montatelo-bonus* he preparado para ti uno diseñado específicamente para el Método Seinfeld y listo para imprimir. Ponlo en un lugar bien visible y usa un rotulador de los gordos para tachar cada día que dediques, al menos, treinta minutos a trabajar en tu proyecto. Tu recompensa es encadenar cuantos más días tachados, mejor.

Es muy importante que el emplazamiento del calendario sea en un lugar visible en el que lo veas sin necesidad de recordarlo, como por ejemplo la nevera o encima del escritorio. Al igual que es muy importante que sea un calendario físico, digital no sirve porque tendrías que recordar abrirlo para verlo y porque el acto *físico* de ir tachando días es clave. También es muy importante que si un día no cumples con tu propósito, retomes la cadena cuanto antes. Quieres acumular días tachados, no días en blanco.

---

[1] Para iPhone puedes usar por ejemplo Commit para esto. Lo puedes descargar desde *www.VictorEspigares.com/commit-app*

[2] Aunque en la red este método es atribuido popularmente a él, resulta que él mismo declaró que era la idea más tonta que nunca se le había ocurrido a él: *www.VictorEspigares.com/seinfeld*

Respecto a los días en que no cumples con tu propósito, la mejor estrategia que personalmente he encontrado es lo que llamo *planear el fallo*. En otras palabras, no somos robots. Por muy comprometidos que estemos, y lo estaremos, siempre habrá ocasiones en las que no cumplamos con nuestro propósito. El truco reside en aceptar y abrazar esto, evitando culparnos por ello. Es importante no añadirle el significado de *fallo* o de fracaso con tu propósito, sino simplemente el de un bache en el camino y retomar tu propósito al día siguiente como si nada. Lo ideal es que apuntemos a tener un 80% de éxito global.

Al fin y al cabo: ¿qué es mejor? ¿cumplir con nuestro propósito 14 días seguidos, fallar el número quince, y a raíz de eso desmotivarnos y abandonar? ¿o cumplir con nuestro propósito 9 días seguidos, fallar el décimo, pero retomarlo al día siguiente y continuar durante otros 13 días, y así sucesivamente?

Eventualmente tus cadenas se irán alargando y los días en blanco se irán espaciando cada vez más. Hay quién dice que se necesitan al menos treinta días para construir un hábito. Hay quien dice que no menos de sesenta. Yo digo que no te preocupes de los días, sino en disfrutar de hacer cada día lo que te has propuesto como propósito, en este caso, trabajar en tu proyecto. Y el hábito llegará por sí mismo.

Esta técnica es muy poderosa para crear cualquier tipo de hábito que necesites para apoyar tus metas, sólo recuerda ponerla en práctica con sólo un hábito a la vez (intentar construir varios hábitos a la vez no es una buena idea) y en general cuanto más asequible y pequeño sea el hábito que quieras incorporar, más probabilidades de éxito tendrás.

¿QUÉ HARÍA UN DOER AHORA?

Esta sección es bastante práctica y si has ido siguiendo los ejercicios propuestos, ya sabrás que es lo que haría un *doer* después de leerla. Pero por facilidad, igualmente voy a recoger aquí los principales pasos o acciones a tomar:

UN DOER EMPEZARÍA POR RECLAMAR SU TIEMPO COMO SUYO:

Sabiendo que es él el que elige cómo invertirlo y no los eventos, circunstancias o personas exteriores a él. Para ello en los momentos donde menos parezca que esto es así, usaría la afirmación positiva *"Yo soy el dueño de mi tiempo y yo elijo cómo invertirlo"*.

UN DOER TENDRÍA CLARO SU SISTEMA DE PRIORIDADES:

Esto incluiría realizar los ejercicios propuestos en el capítulo *"Claves para Adueñarte efectivamente de Tu Tiempo"* para agrupar sus tareas cotidianas en prioridades y ganar consciencia de sus conflictos actuales entre prioridades y *fugas* de tiempo.

UN DOER LE PONDRÍA PRECIO A SUS HORAS:

Usaría los métodos que hemos visto en *"Ponle Precio a Tus Horas"* para encontrar un precio por hora adecuado según sus habilidades actuales. Esto le permitirá tener otra consciencia sobre en qué invierte sus horas, siendo extremadamente útil cuando llegue el momento de delegar tareas en otras personas.

UN DOER LIBERARÍA AL MENOS 30 MINUTOS AL DÍA:

Usando su sistema de prioridades junto con las técnicas que hemos visto en *"Algunas Estrategias para hacer aparecer Tiempo de la Nada"*, sería capaz de crear fácilmente 30 minutos libres de distracciones cada día (sino más) que poder invertir en su proyecto con regularidad.

UN DOER CREARÍA EL HÁBITO DE CREAR:

Para ello, usando el tiempo libre creado anteriormente, lo emplearía regularmente y con constancia en trabajar con su proyecto, planearía el fallo para no venirse abajo cuando éste llegue y usaría la técnica Seinfeld para tener un refuerzo positivo visible en todo momento.

MODELOS DE NEGOCIO

¿CÓMO SE GANA DINERO EN INTERNET?

Con el tiempo, me he ido dando cuenta de un patrón que se repite cuando la gente me pregunta en qué trabajo. En realidad, son dos patrones.

El primero es cuando en una conversación la gente me pregunta a qué me dedico. Después de escuchar mi respuesta, me suelen preguntar con extrañeza:

— *Ah... ¿y eso funciona?*

Esa pregunta es una de las causas por las que me he decidido a escribir el libro que estás leyendo. Todavía hay mucha gente que no ve el tremendo potencial que hay en Internet para generar ingresos hoy día. Personalmente pienso que con los tiempos que corren, hoy más que nunca, la gente se merece tener todas las herramientas posibles a su alcance y como ya hemos visto, para mi Internet es uno de los mejores vehículos para emprender un proyecto: por el bajo nivel de riesgo, por las innumerables herramientas disponibles, por el potencial nivel de exposición para tu producto o servicio, por el alto grado de satisfacción personal que te puede dar y sobre todo, porque te abre las puertas hacia el Factor Libertad.

El segundo patrón, es que normalmente después de esa primera pregunta, viene esta otra:

— *Ya... ¿pero cómo ganas dinero con eso?*

Y después de mucho escuchar esta pregunta, me he acordado de que esto que ahora para mí es algo obvio, también solía ser una gran área gris desconocida.

¿Cómo gana dinero una página en Internet, si a mí nadie me está cobrando?

La verdad es que ni las grandes empresas tecnológicas, léase Twitter o Facebook, ni la mala costumbre de Silicon Valley de invertir primero y preguntar después, ayudan a entender cómo funciona la parte monetaria de un proyecto en Internet.

Si sirve de consuelo, cuando empecé a dar forma a la idea detrás de *VisualizeUs*, mi "modelo de negocio" era tan ridículamente inocente como hacerlo crecer y venderlo. Mismamente a Google, aunque en mi defensa tengo que decir que Yahoo también me valía.

¡Cuánto daño hizo la burbuja.com! Acostumbrado a ver en las noticias cifras millonarias de inversiones y compras en proyectos online recién aparecidos de la nada, sin un modelo de negocio definido, uno simplemente asume que es parte de un oscuro mundo digital, donde todos los servicios son gratis pero siempre hay alguien que llega y pone sobre la mesa un maletín lleno de dinero.

Y entonces se empieza a fantasear con la idea de que si te lo montas bien algún día llegará el millonario que te tiene el universo reservado para ti, con sus botas de montar y su sombrero tejano, y te dirá con marcado acento guiri:

— *¿Dounde [sic] quieres que ponga money?*

La realidad es ligeramente diferente. Mi millonario todavía no ha aparecido. Pero mientras lo hace, la lección aprendida es que es mejor centrarse en cómo generar ingresos en el día a día.

PUBLICIDAD, TU ÚLTIMA BALA

Vamos a empezar con el gran clásico en cuanto a modelos de negocio online. Si hay dos cosas que la humanidad sabe de Internet son: número uno, colgar tu vídeo y que se vuelva viral es todo en uno; y número dos, en Internet uno se forra con la publicidad. Nótese la ironía.

Lo típico: montas un blog de cuando te fuiste a recorrer Indonesia mochila al hombro, le pones publicidad y ¿qué ocurre? Que te forras, está claro. Si además, ponerle publicidad al blog son dos clicks con algo que te han dicho que se llama "Adsense". Que para más inri además te han dicho que es de Google y eso tiene que significar, a la fuerza... que te forras, claro.

Pero al cabo de un mes te llega el informe del tal Adsense y ves que de las 300 visitas que has tenido, sólo dos personas han hecho click en la publicidad, y por ello Google te va a pagar la escalofriante cantidad de 0,78€[1].

¿Qué ha fallado en tu grandioso plan?

Como siempre, hay que poner todo en contexto. Si bien es cierto que poner publicidad en una página es cuestión de unos cuantos clicks y pegar un trocito de código en tu web, eso no implica que te vayas a forrar ipso facto. Se necesita tener cierto nivel de tráfico para que los ingresos provenientes de publicidad sean significativos. Al igual que invertir tiempo en optimizar dicha publicidad, buscar cual es la

---

[1] Datos extrapolados de datos reales.

posición y formato ideal para tu diseño, buscar posibles redes de publicidad alternativas que rindan mejor en nuestro nicho, optimizar el diseño de nuestra web para acomodar mejor la publicidad, etc.

En realidad esta simple regla de tres se aplica a cualquier modelo de negocio: cuanto más tráfico tenga tu proyecto, más ingresos. Pero la publicidad necesita todavía de más tráfico para rendir medianamente, comparada con otros modelos de negocio que veremos en el resto de esta sección.

La publicidad, de forma simplificada, se suele pagar por dos cosas: número de veces que se ve un anuncio (número de impresiones de ese anuncio), el llamado *Cost-per-mile* (CPM); y número de veces que se hace click en un anuncio, el llamado *Click-through-rate* (CTR).

Para dejar unas cifras que sirvan de referencia al lector: unas 300.000 impresiones de anuncios generan en *VisualizeUs.com* unos 218€ de ingresos[2]. Hay quien tiene mejores ratios y ese mismo número de impresiones le generarían muchos más ingresos, pero estos son datos reales de nuestro proyecto que pueden servir de indicativo, teniendo en cuenta por supuesto que cada proyecto y cada mercado es diferente.

Es cierto que la publicidad mueve una ingente cantidad de dinero en el mundo online, por la sencilla razón de que es mucho más efectiva que la publicidad tradicional y tiene la grandísima ventaja de que se puede medir su efectividad, y así calcular el retorno de inversión; o lo que es lo mismo en cristiano: si te compensa el dinero que te estás gastando en publicidad versus las ventas que esa publicidad te está generando.

Muchos grandes sitios de Internet usan la publicidad como una de sus principales vías de ingresos: periódicos online, portales de información, redes sociales... Pero muchas veces para un proyecto que está empezando es mejor crear y fidelizar una audiencia antes que sembrar el proyecto de publicidad para conseguir raquíticos ingresos. Y para

---

[2] Datos del 2012-10-06: Impresiones 302.478, clicks 929, Click-through-rate (CTR) 0,31%, Cost-per-click (CPC) 0,24€, Ingresos 218,56€

muchos proyectos hay otras opciones de monetización mucho más viables que la publicidad, que la gente desconoce y de los que también hablaremos a continuación.

La publicidad online es un extenso mundo por descubrir: optimización, indicadores, siglas por doquier, redes publicitarias, venta directa, espónsors... Hay mucha literatura ya escrita online y offline al respecto en la que puedes profundizar.

Personalmente enfocaría la publicidad como último recurso en cuanto a modelo de negocio. Si tu idea presenta un modelo de negocio más claro y evidente no lo descartes sólo porque has escuchado que "*en Internet todo es gratis*" y te conformes con poner publicidad a cambio. La publicidad es el modelo de negocio comodín. Cuando después de darle mucho al coco, uno no encuentra un mejor modelo de negocio para su idea, se acaba recurriendo a la publicidad. Pero si con tu idea encaja mejor algún otro modelo de negocio, mi recomendación es que lo uses porque probablemente vaya a rendir mucho mejor.

AFILIADOS AL PODER

Los programas de afiliados es algo que muchas empresas online ofrecen en las que a cambio de recomendar su servicio o producto a alguien, nos llevamos un porcentaje de la transacción en caso de producirse. La forma de funcionamiento es muy sencilla: se crea un enlace especial con tu código de afiliado y todas las personas que entren a través de ese enlace quedan registradas como "recomendadas" por ti. Si alguno de esos visitantes termina comprando el producto o suscribiéndose al servicio, tú te llevas una comisión.

En los sistemas de afiliados todo el mundo gana. Para la empresa es una forma muy buena de conseguir publicidad y aumentar sus ventas usando canales diferentes a los que ya usa, todo esto sin invertir su tiempo. Para el afiliado es una forma de ganar dinero sin demasiadas complicaciones, ya que no se tiene que preocupar de la transacción, ni de enviar el producto, ni siquiera de crear un producto o servicio. Su trabajo se limita a recomendar algo a alguien.

Cada empresa determina las condiciones de su programa de afiliados. Lo normal es llevarte un porcentaje de la transacción en cuestión (venta, subscripción, etc). El porcentaje varía según el sistema de afiliados y el producto. Algunos programas de afiliados siguen ofreciendo sucesivos porcentajes en segundas y terceras transacciones. Otros sólo en la primera. Otros sólo si la transacción se produce en el momento. Otros si se produce dentro de un periodo de tiempo de X días. Es interesante no sólo buscar productos y servicios que encajen con nuestra audiencia y nuestro proyecto, sino también buscar las mejores condiciones de afiliación que nos favorezcan en lo posible.

Uno de los programas de afiliados más conocidos, sino el que más, es el de Amazon. ¿Sabías que si le das a alguien la dirección de un producto en Amazon con tu código de afiliado para que lo compre, te llevas un 4% de la transacción? Así de sencillo. Y necesitas menos de cinco minutos para registrarte en su programa de afiliados y poder hacerlo. Cuatro por ciento quizás no parezca mucho por sí solo, pero si le sumamos que cuanta más gente compre a través de tu recomendación el porcentaje puede subir hasta el 10%, que la compra no tiene porqué producirse en ese instante sino en los siguientes treinta días (incluso no tiene porque ser ese producto, puede ser cualquier otro producto en Amazon) y añadimos el factor volumen a la ecuación, el resultado son miles y miles de personas que se lo han montado por Internet gracias a los afiliados de Amazon.

Si bien Amazon es uno de los grandes gigantes del comercio electrónico que igual te vende un libro que te vende un ventilador para inflar tu castillo hinchable privado[3], no es el único programa de afiliados que existe en la red. Si te pones a investigar descubrirás que el mundo de los afiliados en Internet es enorme y se extiende por doquier. Desde pequeños productos de información de muy diversos nichos hasta software, pasando por apps para móviles (hasta la AppStore de Apple tiene programa de afiliados), servicios de toda índole, hosting web, etc. Un buen par de sitios para pasearse y buscar productos de afiliados que poder promocionar o que encajen con tu proyecto son Clickbank.com y Shareasale.com, *marketplaces* con infinidad de categorías y productos todos bajo sistema de afiliación.

Algunos ejemplos de cómo la gente gana dinero usando programas de afiliados:

- Recomendar cualquier producto o servicio que pueda ser interesante para tu audiencia o proyecto. Por ejemplo, recomendar

---

[3] No es broma: *victorespigares.com/castillo-inflable*

utensilios de cocina que uses personalmente a los lectores de tu blog de cocina alternativa, o proporcionar enlaces de afiliado a los ingredientes que uses en cada receta.

- Crear formas alternativas de visualización y navegación, como por ejemplo una forma innovadora de navegar y descubrir carátulas de álbumes de música de Amazon, que cuando haces click en el álbum te lleva a Amazon para comprarlo, enlace de afiliado mediante.

- Crear servicios en torno a productos que puedan acabar derivando en una venta, como por ejemplo crear un servicio de recomendación de películas basado en las recomendaciones de amigos y contactos, en el que puedes acabar comprando alguna de las películas que el servicio te recomienda.

Sea cual sea el nicho o espacio de tu proyecto, si investigas descubrirás que existen no uno sino varios programas de afiliados a los que puedes sacarle partido de una forma original, innovadora y provechosa.

A SU SERVICIO

Sin duda el campo más conocido en Internet es el de los servicios.

Redes sociales para todo: estar conectado con tus amigos, compartir las veces que haces deporte o subir tus fotos más cotidianas con un rápido filtro artístico. Herramientas de coordinación de equipos y gestión del tiempo. Herramientas de *bookmarking* para recordar cualquier cosa que encuentres en cualquier sitio desde cualquier dispositivo. Meta-buscadores de vuelos. Toda la música que quieras donde tú quieras. Plataformas de alojamiento de blogs. Y la lista podría seguir hasta el infinito.

Hay miles de servicios en Internet, pero no en todos estos servicios se usa el servicio en sí como modelo de negocio. Un servicio como modelo de negocio significa que cobras por que tus usuarios usen el servicio. En este capítulo no estamos hablando de crear un servicio gratis, como por ejemplo una red social y luego monetizarla con otro modelo de negocio, como por ejemplo publicidad, sino de que el modelo de negocio sea en sí el servicio.

Las posibilidades, formas y modalidades para cobrar por tu servicio son infinitas y dependen de la naturaleza del servicio. Por ejemplo, puedes cobrar por su uso de forma puntual o de forma recurrente. Esto es lo que hacen algunos servicios de anuncios de segunda mano. Puedes ver todos los anuncios que tienen pero a la hora de querer contactar con un vendedor puedes, o bien pagar una única vez una pequeña cantidad, o bien suscribirte a algún plan mensual y contactar a todas las personas que quieras.

Puedes tener diferentes planes de pago dependiendo de las funcionalidades y/o límites que ofrezcas en cada plan. Por ejemplo, Dropbox tiene un plan gratuito con espacio de alojamiento básico, y si se te queda pequeño, pagas dependiendo del plan (en esta caso espacio) que quieras. Otros servicios dividen sus planes en función de las funcionalidades que ofrecen, por ejemplo en *VisualizeUs* ofrecemos una cuenta de pago si quieres ciertas funcionalidades que la cuenta básica no tiene, como por ejemplo exportar todas tus imágenes favoritas a Drobpox precisamente, navegar sin anuncios o subir tus propias imágenes.

Si tu servicio realiza algún tipo de transacción, como por ejemplo un *marketplace* donde vendedores ofrecen sus productos (o servicios) a los compradores, puedes cobrar un pequeño porcentaje por cada transacción que se realice. Este es el modelo de negocio que usan proyectos como AirBnb, un *marketplace* para alquilar habitaciones y viviendas por todo el mundo. O puedes elegir cobrar por publicar un listado y también por un porcentaje de la transacción, como hace eBay donde publicar tu anuncio te cuesta un importe de entre 0,50€ y 2€ dependiendo del tipo de opciones que elijas (más visibilidad para tu anuncio te sale más caro), y luego también se quedan un porcentaje de la venta.

Otra estrategia es ofrecer descuentos por pagos de tres meses seguidos, seis o incluso un año, para motivar que tus usuarios se comprometan más tiempo con el servicio. Puedes ofrecer una prueba gratuita durante X días ("*free trial*") sin ningún compromiso, para que los usuarios puedan probar tu servicio antes de decidirse a pagarlo.

Esta opción de prueba gratuita es diferente a tener un plan gratuito. La prueba gratuita suele estar limitada en duración. Usualmente te ofrece todas las funcionalidades de la cuenta de pago más básica en el servicio, sin ninguna restricción para que te "enamores" del servicio y sus bondades, y cuando acaba te ofrecen la opción de suscribirte y seguir usándolo.

El plan gratuito por otro lado no tiene limite de duración, aunque lo puede tener en cuanto a funcionalidades. A los servicios que tienen un plan totalmente gratuito y luego otro de pago, se les suele llamar "*freemium*", la conjunción en inglés de "free" y "*premium*" que es como se llaman a los servicios de pago. Si tu servicio es totalmente gratuito o es *freemium*, probablemente necesites de algún otro modelo de negocio para hacer sostenible el plan gratuito, ya sea publicidad, afiliados, venta de productos, etc.

Este es por ejemplo el caso actual de Spotify, entre tantos otros. Si lo usas sin pagar (parte free), puedes escuchar música con ciertas restricciones (no más de X veces la misma canción al mes) y además tienes publicidad. Si pagas por la cuenta *premium*, no tienes ninguna restricción y puedes disfrutar del servicio sin publicidad.

El problema del modelo *freemium* viene si tienes recursos limitados de tiempo, mano de obra y/o dinero, ya que tu servicio acaba soportando a muchos usuarios que no generan ingresos, en detrimento de los que sí lo hacen. Puede ser que esos usuarios creen valor para el servicio de otra forma, por ejemplo contribuyendo con el contenido, como es el caso de *VisualizeUs*, pero incluso en este caso el equilibrio con el modelo *freemium* es algo que siempre hay que tener presente.

A SU SERVICIO (II): ¿PERO GRATIS?

Una forma de pensar que ha hecho mucho daño a mucha gente que ha querido montárselo online es la de pensar que en Internet todo es gratis.

Como comentábamos al inicio de esta sección, esta creencia de "todo gratis" en Internet se produce por muchas razones desde el punto de vista del usuario. Pero es interesante comprobar que desde el punto de vista del emprendedor también se produce esta creencia de que los servicios deben ser completamente gratuitos principalmente porque es a lo que estamos acostumbrados a ver en nuestros primos lejanos de Silicon Valley: proyectos totalmente gratuitos para el usuario, centrados en el crecimiento, y acostumbrados a echar mano del capital de inversores para subsistir hasta que aparezca un modelo de negocio con el que hacer verdaderamente rentable el proyecto (si es que aparece).

Son proyectos creados con otro tipo de objetivo en mente, por lo general ser el próximo Facebook en la historia de Internet y pegar el "*pelotazo*", pero como ya comentábamos, no nos dejemos atrapar por estas historias de los medios. En mi opinión, y precisamente porque yo mismo he partido de esa misma base en mi experiencia, este es un punto de vista peligroso, dañino y obsoleto.

Un proyecto totalmente gratis sin ningún modelo de negocio que lo haga sostenible no puede ser independiente por si mismo ya que siempre va a requerir de una inversión (aunque sea de tu bolsillo) para poder seguir funcionando. Con lo cual no nos está acercando al Factor

Libertad sino que está haciendo completamente lo opuesto: encadenándonos a algo que no está claro cómo va a subsistir por sí mismo.

Igualmente, establece el contexto equivocado en la mente de tus usuarios. Si el día de mañana decides cobrarles por tu servicio muy probablemente se echen las manos a la cabeza, acostumbrados a valorarlo como gratis. Desde luego, no es algo irremediable ni mucho menos. Ahí está el caso de Spotify precisamente, que inició su andadura ofreciendo su servicio completamente gratis, para posteriormente introducir publicidad y límites al número de veces que reproduces una canción, que justificaron entre otros su cuenta de pago. Me apuesto algo a que los usuario de Spotify desde los inicios del servicio no estuvieron muy contentos con esos cambios ¿no crees? Desde luego yo no lo estuve.

Pero habría sido diferente si Spotify hubiera sido claro desde el principio con sus usuarios:

— *Mirad, queremos ofrecer un servicio de pago pero no tenemos claro aún cuál es la mejor forma para ello, así que por un tiempo limitado, lo vamos a ofrecer gratis para todo el mundo.*

El enfoque es totalmente diferente en la mente de los usuarios. En su caso, el servicio que ofrecen es tan bueno que aún mosqueando a parte de sus usuarios, la gente lo sigue usando, aunque habría que ver qué porcentaje de gente se pasó a cuentas de pago después de eso.

En realidad, desde fuera parece que es más fácil no preocuparse por encontrar un modelo de negocio viable desde el principio, ofrecer el servicio gratis, ver cómo funciona y centrarse en crecer. Pero es la trampa de querer saltarse un paso imprescindible. Cobrar por tu servicio es la única forma fidedigna y fiable de saber si existe un mercado para él. Y si no lo hay, créeme que vas a querer saberlo pronto para poder cambiar de rumbo y encontrar un modelo de negocio y un mercado que quiera pagar por ello.

Personalmente caí en esa trampa con *VisualizeUs*. Pensaba firmememente que los servicios en Internet debían de ser gratuitos, sólo porque todo el mundo lo hacía y era a lo que estaba acostumbrado como usuario. Me costó muchos quebraderos de cabeza a lo largo de los años y mucho tiempo enmendar ese erróneo punto de partida. Cómo ya he dicho, es más sencillo probar y experimentar con el modelo de negocio de algo que en la mente de tus usuarios se considera valioso (y valoramos lo que pagamos), que de algo que se considera gratis. No cometas mi mismo error. Si hoy pienso en empezar un proyecto, lo segundo en lo que pienso es en cómo va a generar ingresos (y lo primero, obviamente es cómo mi idea va a aportar valor a la gente, de lo que hablaremos en la siguiente sección).

No tengas miedo de cobrar por tu servicio. Lo que mucha gente no llega a entender hasta que lo ven con sus propios ojos, como me pasó a mí, es que si tu servicio verdaderamente responde a una necesidad de tus usuarios o les aporta algo de valor, ellos son los primeros que van a querer pagar y además gustosos, sólo para asegurarse que el servicio sigue vivo y pueden seguir disfrutando de él. Y esto no te lo digo porque sí, te lo digo porque la gente nos escribía mails diciéndonos esto palabra por palabra.

Imagina que alguien llegara y te dijera:

— *Sabemos que con frecuencia tienes que realizar esta tarea, que te quita tiempo, te aleja de lo que realmente importa para ti y no te entusiasma especialmente hacer; pero tienes que hacerla sí o sí. Hemos creado una aplicación web que te va a permitir hacerla en menos de un tercio del tiempo que ahora le dedicas y además te va a ahorrar los quebraderos de cabeza relacionados.*

Y ahora imagina que verdaderamente han dado en el clavo con la forma de solventar o minimizar el problema que sufres o la necesidad que tienes.

Yo pagaría gustoso, la verdad. Como poco probaría el servicio, y si han dado en el clavo es bastante probable que acabara pagando sólo para no volver a perder mi tiempo con eso.

Los servicios son muy atractivos, porque suelen tratar una necesidad de una forma novedosa (a veces una que ni sabías que tenías), suelen crear ingresos de forma recurrente y son los que se llevan toda la prensa en Internet. Además, no se qué tienen, que es lo primero en lo que la gente piensa en crear en internet. Como contrapartida requieren de muchos más conocimientos técnicos para poder crearlos, generalmente más tiempo, y también más necesidades de mantenimiento (soporte de usuarios, infraestructura, etc).

VENDIENDO HIELO EN EL DESIERTO

Este modelo de negocio es muy simple y sigue un principio universal: si quieres ganar dinero, vende algo que tu audiencia quiera comprar. Sencillo, ¿verdad?

Lo que vendas puede ser tanto un producto creado por ti, como un producto creado por otro. Quizás te estés preguntando cual sería la diferencia entre un sistema de afiliados y vender el producto creado por otro. En un modelo de afiliados tu labor es recomendar un producto o servicio de un tercero. No te tienes que preocupar de la transacción, del cobro, de enviar el producto, tan sólo de recomendarlo. Si vendes tú el producto, eres el responsable de todas esas cosas.

Es decir, que si vas a vender un producto de un tercero tendrías que realizar una inversión en stock, por supuesto almacenarlos en algún sitio físico, gestionar toda la logística de los envíos, empaquetarlos y mandarlos con cada compra que te entre, así como atender devoluciones, etc. Así planteado quizás suene más complejo que otros modelos de negocio y no tan compatible con el Factor Libertad a medio plazo ¿verdad?

En este caso siempre se puede optar por el *"drop shipping"* o *"drop shipment"* en el que es tu distribuidor el que se encarga de toda esa parte "sucia". Tú sólo te tienes que preocupar de tener tu tienda online con tus productos y comunicarle cada vez que alguien te haga un pedido a dónde lo tienen que mandar. Tienes menos margen en la venta, pero simplifica muchísimo el proceso y lo más importante, es totalmente compatible con el Factor Libertad.

Encontrar buenos proveedores de *drop shipping* es complicado y cuando te pones a buscar en Google está lleno de spam y de empresas poco fiables. Dos directorios de pago recomendados con proveedores y distribuidores de todo tipo de productos en *drop shipping* son Salehoo.com y Worldwidebrands.com

A la hora de vender productos en Internet, lo puedes hacer tanto en tu propia tienda online como en un *marketplace* (o mercado) externo como por ejemplo eBay. La diferencia es que en tu propia tienda online tú corres con la gestión de la infraestructura de venta y te tienes que currar promoción, marketing, etc; y en un *marketplace* mucho de eso te viene ya dado a cambio de llevarse un porcentaje de la transacción. La ventaja que puede aportar un *marketplace* es que te está brindando un escaparate ya consolidado con muchos ojos que, según el momento, te puede interesar; pero tener tu propio store también tiene sus ventajas. En cada caso interesará más un enfoque u otro, o incluso un enfoque mixto: disponer de tu propio store y publicitar tus productos en un *marketplace* como forma de marketing. Algunos portales conocidos de *marketplace* son eBay.com para cualquier tipo de producto (usado o nuevo), o Etsy.com un mercado específico de productos hechos a mano (joyería, bolsos, colgantes, etc.). Existen gran cantidad de mercados de nichos específicos que convienen investigar según el tipo de producto que tengamos entre manos.

Puedes vender tanto un producto físico, por ejemplo galletas con diseños personalizados, como un producto no-físico, un *e-book* sobre cómo fabricar tus propias galletas ecológicas con tus diseños personalizados (y de paso, triunfar con tus hijos y sus amigos).

En la categoría de productos no-físicos podemos encontrar desde aplicaciones para plataformas móviles (apps) y cualquier otro tipo de software, hasta los llamados "productos de información", que se basan en la idea de empaquetar tu conocimiento y experiencia sobre un campo concreto y venderlo. Puede ser mediante un libro (digital o no), vídeos, cursos online, etc. Los productos digitales encajan como un guante en la estrategia *"Créalo una vez, véndelo miles"* que ya vimos anteriormente en el capítulo *"Las claves hacia el Factor Libertad"*. Cabe destacar que los productos de información pueden venir en soporte físico (un libro impreso, vídeos en DVD...) aunque no los incluyo dentro de la categoría de productos físicos porque el valor no radica en el soporte en sí, sino en el contenido.

Todos los modelos de negocio pueden ser combinados de forma creativa, y lucrativa. Por ejemplo, hay quien combina la venta de un producto con un modelo de suscripción o club, en el que los clientes o miembros de ese club pagan una cantidad de forma mensual, y cada mes reciben en su casa un producto.

Hay combinaciones muy interesantes y originales con esto, como por ejemplo ManPacks.com, una tienda online de artículos imprescindibles para hombres (calzoncillos, cuchillas de afeitar, etc.) en el que puedes suscribirte para que cada X meses, a elegir por el cliente, te manden a casa un paquete con tu set de objetos imprescindibles que siempre te olvidas de renovar. O CandyJapan.com un interesante servicio de caramelos y golosinas desde Japón, en el que cada mes te mandan a casa una chuchería japonesa sorpresa, un negocio creado con las mismas técnicas de validación y optimización de idea que veremos más adelante (y que en Junio del 2015 su creador informó que estaba generando ingresos brutos recurrentes de $10,000 al mes).

Son formas creativas de convertir un pago puntual, como es una venta, en algo recurrente, que como también hemos visto es mucho más sostenible de cara al Factor Libertad.

¿QUÉ HARÍA UN DOER?: 7 CLAVES QUE NO DEBES OBVIAR (AUNQUE TE DEN GANAS)

Hay infinitas formas de ganar dinero en Internet, tantas como quieras inventarte. Aquí hemos visto algunos de los modelos de negocio más usados, y que además como ya hemos visto se pueden mezclar entre ellos de formas muy creativas.

Pero ten en cuenta un par de detalles que pueden marcar la diferencia entre sufrir un gran trecho de tu periplo o recorrer cómodamente ese camino:

NO SEAS TAN INGENUO COMO YO FUI: Una venta a un gigante de Internet no es un modelo de negocio. Y no lo digo porque no sea posible, que lo es. Pero no puede ser tratado como un modelo de negocio: una forma definida e inequívoca en la que tu proyecto va a generar ingresos a diario.

BUSCA, INVESTIGA Y DESARROLLA TU MODELO DE NEGOCIO PERFECTO: Si tu proyecto en Internet es de venta de camisetas diseñadas a mano, tirada limitada, diseños únicos y calidad de artista, a lo mejor poner publicidad en tu *store* como modelo de negocio complementario no es la mejor elección. Tu modelo de negocio tiene que adaptarse y encajar a la perfección tanto con idea como con tu audiencia:

NO VALE TENER UN MODELO DE NEGOCIO "PARA DESPUÉS": Tu proyecto debe contemplar generar ingresos desde el Día 0. Hazme caso y grábate esto a fuego. Ver que tu proyecto genera ingresos, aunque sean mínimos al principio, tiene un gran peso psicológico positivo.

Aunque tengas ahorros de los que puedas tirar mientras que tu proyecto despega. Aunque tengas tu trabajo seguro que te cubre todas las necesidades financieras y puedes usarlo para sustentar tu proyecto. Piensa siempre en el ahora y no en el mañana. Igual no hay mañana para tu proyecto, o ese mañana es completamente diferente del que tú tienes en tu mente. Por eso, céntrate en generar ingresos en el ahora y no en el mañana. Si sigues este consejo te ahorrarás muchos (muchos) quebraderos de cabeza en el camino.

INVESTIGA QUÉ MODELOS DE NEGOCIO USAN PROYECTOS SIMILARES: Si hay tres proyectos similares funcionando desde hace más de un año con el mismo modelo de negocio, no tienes que reinventar la rueda. Aplícalo tú también, y cuando lo tengas consolidado y tu proyecto esté creando ingresos de forma consistente, entonces estarás en una posición mucho mejor para diversificar y probar un nuevo modelo de negocio. Pero para llegar hasta ahí, empieza primero por lo que ya sabes que funciona.

DIVERSIFICA, DIVERSIFICA, DIVERSIFICA: ¿Por qué tener sólo uno cuando se pueden tener varios? En el largo plazo, no confíes todo tu flujo de ingresos a un sólo modelo de negocio. Ten varios modelos de negocio alternativos funcionando a la vez. Siempre habrá un flujo de ingresos que predomine, pero no esclavices tu proyecto a un sólo modelo de negocio, porque te volverás dependiente de él. Si por ejemplo tu mayor fuente de ingresos es la publicidad y el grueso de tu tráfico viene de buscadores, complementalo con otro modelo de negocio que no dependa de ese tráfico, por si llega el día en que dejes de caerle bien a Google (créeme, pasa; y no mola aprender esta lección por las malas).

NO TE APEGUES A UN MODELO DE NEGOCIO ESPECÍFICO: Si no te funciona un modelo de negocio y te has dejado los cuernos intentando hacerlo funcionar... ¡cambia a otro! La única constante universal es el cambio, y si algo no funciona, no desesperes y lo des todo por perdido. Amplía tus horizontes, cambia de tercio y prueba de nuevo.

TODOS LOS MODELOS DE NEGOCIO TIENEN UN DENOMINADOR COMÚN: Tráfico. Cuanto más tráfico visite tu proyecto, más porcentaje de esos visitantes se transformarán en una compra, una suscripción a tu servicio, un click en un anuncio, una venta derivada a un afiliado o cualquier otra forma por la que estés generando ingresos. Es lo que se conoce como *porcentaje de conversión*. El truco está en encontrar el equilibrio adecuado entre modelo de negocio y tráfico.

OPTIMIZACIÓN DE LA IDEA

LOS TRES PROBLEMAS QUE ACABARÁN CON TU PROYECTO ANTES DE EMPEZAR CON ÉL

Quizás llevabas tiempo dándole vueltas y de alguna forma buscándola, o quizás apareció sin previo aviso cuando dos cosas aparentemente opuestas de repente hicieron click juntas. Quizás fue una perspectiva diferente sobre algo ya conocido lo que hizo que esa chispa encendiera la mecha. O quizás fue algo gradual y progresivo, casi sin darte cuenta. Pero un buen día, tu idea estaba ahí, bien clara dentro de tu cabeza.

Es el famoso "Momento *Eureka*".

Aunque el nombre nos lleve a pensar en Newton y su célebre manzana, este momento *eureka* no tiene porqué ser un momento de película, de completa plenitud donde todo encaja, todo tiene sentido y por fin has encontrado el eslabón perdido. Es simplemente el momento en el que *algo* cambia en tu mente, y de repente tu idea aparece sólida ahí dentro, quizás porque ha alcanzado el grado de madurez necesario o quizás porque has acabado de conectar lo que faltaba por conectar mentalmente.

Sea por lo que sea, de repente tienes en tu mente esa idea que parece redonda, sin fisuras, perfecta la mires por donde la mires. Y casi sin darte cuenta empiezas a implicarte emocionalmente con ella.

Entonces empiezas a imaginar noche y día como sería si tu idea fuese una realidad. Qué cosas le pondrías aquí y allá, la satisfacción de la gente al usarla, cuántas personas se podrían beneficiar de ella, cómo nadie ha llevado a cabo una idea así antes. Quizás comiences a imaginarte el diseño, el logo, los colores que la acompañarían. A soñar cómo de bien podría rendir económicamente y el poco riesgo que supondría montártelo con eso.

Este entusiasmo emocional va aumentando cada vez más conforme hablas con pareja, familiares y amigos sobre tu idea, y te vas reforzando cada vez más de lo estupendo que sería llevarla a cabo y cómo es casi imposible que fracases con ella. Cuando este proceso de calentón mental llegue a su clímax más álgido, si perteneces al selecto 10% de la población al que aún le queda algo de Energía *Doer*, quizás acabes poniéndote manos a la obra haciendo "*algo*".

"Algo" que por supuesto no tiene que ser necesariamente ni lo más eficiente, ni tan siquiera el siguiente paso lógico a realizar. Es más, probablemente ni te acerque en absoluto a hacer de tu idea una realidad, como por ejemplo invertir horas y horas en leer cosas en Internet sólo para acabar *desinflándote*. Pero la cuestión es que toda esa energía mental tiene que salir por algún lado.

Eso, si eres parte del selecto 10% al que aún le queda algo de Energía *Doer*. Si no lo eres, el clímax del calentón mental posiblemente desembocará en la amarga toma de consciencia de que no vas a conseguir manifestar esta idea. Una vez más. Pero no te preocupes, aspiro a que eso cambie después de que hayas terminado de leer este libro.

En esta situación se producen tres problemas que van a condenar a tu proyecto al fracaso más absoluto, sin ni siquiera haber empezado a trabajar en él. Lee con atención porque la mayoría de las personas desconocen lo que estoy a punto de identificar y te aseguro que no sólo te va a ahorrar tiempo, dolores de cabeza y frustraciones, sino que son algunas de las distinciones que separan a las ideas que se convierten en proyectos de éxito frente a las que fracasan sin ni siquiera abandonar la cabeza de su creador.

PRIMER PROBLEMA: LA FALTA DE UNA HOJA DE RUTA CLARA.

No saber cuál es el siguiente movimiento a realizar, no saber cuál es el paso más eficiente, qué va delante de qué y porqué, qué tarea es primordial y qué tarea es accesoria, perderse en el camino, invertir tiempo y energía en lo que no es necesario en el momento en que no es necesario, etc. En definitiva, acabar perdiendo la motivación y abandonando por ver que estamos igual de lejos que al principio, o directamente no saber por dónde empezar. Créeme que esto no es tan sencillo como tener un perfil técnico. He visto informáticos, programadores y diseñadores caer en este problema. Pero tú tienes este libro en tus manos, así que de momento dejaremos de preocuparnos de esto.

SEGUNDO PROBLEMA: APEGARNOS DEMASIADO A NUESTRA IDEA.

A veces ese momento *eureka* donde sientes que tu idea es redonda, acaba mutando sin previo aviso en un estado ligeramente diferente. De repente tu idea ya no es sólo redonda, sino que es Perfecta, con mayúsculas. Y además, cualquiera que sugiera lo contrario, no es capaz de entenderla por completo con todos los matices que hay en tu mente (mala señal).

Ojo, no hay nada de malo en estar motivado y apasionado con tu idea, ni nada de malo intrínsecamente en creer en ella. El problema viene cuando nos apegamos tanto a nuestra propia idea que dejamos de ver con perspectiva o claridad. Entonces es cuando se producen situaciones que llevarán a nuestro proyecto al fracaso, como no pararnos a cuestionar de forma crítica nuestra idea, *encabezonarnos* con ella o evitar contrastarla con la gente que realmente la va a usar.

TERCER PROBLEMA: SALTARSE LA FASE DE OPTIMIZACIÓN DE LA IDEA.

El 99% de las personas quieren pasar directamente a la acción después del momento calentón emocional. Demasiada Energía *Doer* no bien gestionada puede jugar una mala pasada a veces. Y si nos ponemos manos a la obra directamente nos estaremos saltando un proceso totalmente crucial, especialmente si queremos que nuestra idea juegue en nuestro favor y aumente las probabilidades que tenemos de hacerla realidad, en vez de jugar en contra. Sin duda el momento *clímax* tiene mucho que ver en esto, pero la verdadera razón es que la mayoría de gente nunca ha escuchado hablar sobre el proceso que falta en esta secuencia. Este proceso es una de las mayores distinciones que diferencian a los proyectos con éxito de los que fracasan y es lo que yo llamo la fase de Optimización de la Idea.

¿Qué es la Optimización de la Idea?

Si lo pensamos fríamente, en la fase conceptual tu proyecto no es más que una idea en tu cabeza, es la crisálida dentro de su capullo, esperando a recibir los nutrientes necesarios para su evolución al siguiente paso. Probablemente tu idea en esta fase sea más grandilocuente de la cuenta, no se encuentre refinada sino más bien en estado bruto y sobre todo no esté optimizada para las circunstancias que se producen a su alrededor, como por ejemplo tus potenciales posibilidades y capacidades, tu tiempo y compromiso, el mercado al que se dirige o la opinión de los futuros usuarios. Si no dedicamos tiempo a trabajar en la idea en esta fase conceptual, a aportarles los nutrientes que necesita, a refinarla y hacerla pura, estaremos sellando su destino para que muera como un sueño más no realizado, es más, ni siquiera empezado, y no consiga nunca evolucionar de crisálida a mariposa.

Por eso vamos a pasar toda esta sección trabajando en la Optimización de la Idea: refinándola, aprendiendo qué es lo que importa y lo que no, reduciéndola a su esencia y sobre todo asegurándonos que nuestra idea no juega en nuestra contra, sino que es la que hace que las probabilidades de alcanzar el éxito estén a nuestro favor.

IDEA-LIZADA

Seguramente pienses que tener la idea correcta es una de las cosas más importantes a la hora de montárselo por Internet. Incluso es posible que todavía no te hayas decidido a hacerlo porque sabes en tu interior que todavía no has tenido *"La Idea"*, con mayúsculas.

Al fin y al cabo, es lo que tanto periodistas como *bloggers* ensalzan al escribir sobre la nueva red social o aplicación de moda del momento: esos tres chavales que casi ni han terminado el instituto y están revolucionando Internet con *"La Idea"*, aparte de hacerse ricos gracias a ella. Es normal que uno siempre acabe preguntándose: "*¿por qué no se me ocurren a mí estas ideas?*" y quiera emular este tipo de historia tan atractiva. Yo también compré ese cuento en su día.

Pero dejando de lado la historia de Hollywood que vende muchos periódicos, podemos pensar que tener la idea correcta es la clave para acabar teniendo éxito en la red. Una idea que sea algo que no se haya visto hasta ahora, algo novedoso, pero a la vez sencillo, que todo el mundo pueda entender y usar, en otras palabras que sea esa "Idea" con mayúsculas. ¿Cómo no va a ser importante? Casi se podría afirmar que de lo más importante a la hora de montárselo por Internet ¿no? Es como ir a las carreras y saber que estás apostando por el caballo ganador.

Pero... ¿qué es en realidad la idea? ¿Verdaderamente depende el éxito o el fracaso de un proyecto simplemente de la idea? ¿Hasta qué punto es la idea la que determina la trayectoria de nuestro proyecto?

¿Permanece la idea inmutable desde que la pensamos hasta que se lleva a cabo? ¿Está Facebook valorado en una suma casi obscena de billones por la idea inicial que tuvo (o no tuvo) en su día su creador Mark Zuckerberg? ¿Acaso existen buenas y malas ideas?

La realidad es que una idea en sí misma no vale mucho.

Una idea que no es llevada a cabo, no es nada más que un pensamiento en nuestra mente. ¿Genial? Posiblemente. ¿Potencialmente rentable? Puede que sí, puede que no. ¿Algo que cambiará el mundo y la forma en que lo concebimos? Habrá que verlo.

Ahí está el quid de la cuestión: todas estas cuestiones nunca serán resueltas si alguien (¡tú!) no coge esa idea y la lleva a cabo.

Es por tanto ese proceso de ejecución, el llevar a cabo tu idea y el cómo hacerlo, el proceso crítico y verdaderamente importante que va a determinar en gran medida el éxito, o no, de tu proyecto. Es durante ese proceso de ejecución y de desarrollo donde la idea irá tomando forma, empezando con la fase de Optimización de la Idea donde ya se irá refinando y transformando. Conforme vayamos tomando decisiones para materializarla, iremos incorporando todos los matices que existen en nuestra mente y que serán los que la hagan única.

Por lo tanto, por más chocante que suene, podemos afirmar que no existen malas o buenas ideas por sí mismas, sino malas o buenas ejecuciones de esas ideas. Puedes coger una idea inicial que parece buenísima y brillante, darle una mala ejecución y estrellarte. Lo vemos continuamente en los intentos de innovación de grandes empresas dinosaurio. Y por supuesto, a la opuesta, puedes coger una idea aparentemente mediocre, darle una buena ejecución y tener éxito con ella.

De hecho, es mucho más fácil tener éxito con una idea que ni es original, ni es única y de la que ya existen varias ofertas o competidores en el mercado, que con una idea original y única, en la que tienes que abrir y en muchos casos crear tú el mercado. Discutiremos esto más en profundidad en el capítulo *"Porqué la Originalidad Mató al gato"*.

OPTIMIZACIÓN DE LA IDEA

Pero tampoco la ejecución lo es todo. Todo cuenta, desde los pequeños detalles, hasta los grandes. Desde el diseño y la usabilidad, hasta el tipo de funcionalidades, el enfoque, el posicionamiento, el saber llegar a tu público o el momento del mercado. Es imposible poder reducir el éxito o el fracaso de un proyecto a una única cosa, cuando tantos miles de factores intervienen durante un periodo de tiempo tan dilatado como el de la vida de un proyecto.

Pero como bien sabe un *doer*, para aspirar a ganar la lotería lo primero es ponerse en acción y comprar un décimo (¡o muchos!). Así que la próxima vez que pienses que no has tenido todavía *"La Idea"*, no dejes que ese pensamiento te bloquee y te impida ponerte en acción. Ya sea cualquiera de las ideas que tienes en mente, ya sean pequeñas tareas o mini-proyectos pendientes para energetizar tu parte *doer*, ya sea ponerte activamente a cultivar tu creatividad; cualquiera de estas opciones es mejor que quedarte bloqueado lamentándote por no haber tenido "La Idea".

Como decía Picasso cuando le preguntaban si creía en las musas:

¡Por supuesto que creo en las musas! Ahora bien, prefiero que cuando vengan me pillen trabajando.

ECHANDO A ANDAR LA MAQUINARIA

Los momentos *eureka* son grandes recuerdos que se quedan grabados en nuestra memoria. Y no me refiero únicamente a ideas para proyectos, sino cualquier tipo de ideas. Desde cómo resolver algo con lo que llevas atascado un tiempo, hasta ideas para un regalo difícil al que no paras de darle vueltas o la mejor forma de resolver una situación conflictiva y delicada. Guardo recuerdos geniales de mis momentos eureka más significativos y curiosamente recuerdo en todos perfectamente el sitio donde estaba, lo que estaba haciendo, las conversaciones, etc. Todo se ha quedado registrado al detalle en mi memoria.

Hasta he tenido momentos *eureka* durmiendo, en los que durante el sueño, sin ser consciente, he resuelto algo que me tenía obsesionado, como por ejemplo la forma de resolver un puzzle que me tenía atascado durante semanas en un videojuego[1]. La única pega de estos momentos geniales de realización, especialmente en el caso que nos ocupa al crear un proyecto en Internet, es cuando después de implicarte emocionalmente con tu idea, o bien no pasas al plano de la acción verdadera para convertirla en realidad o bien no consigues ver avance ninguno y acabas abandonándola.

Entonces ese momento *eureka* y toda esa implicación emocional que tenías con tu idea se ven enturbiados con la consciencia de saber que algo tan maravilloso y perfecto se ha quedado en un simple concepto intelectual del que nadie va a poder disfrutar nunca. Y luego

[1] Sí, antes existían videojuegos en los que realmente tenías que usar la cabeza para llegar hasta el final, llamados aventuras gráficas.

llegará el día en que veas cómo alguien lleva a cabo algo similar a lo que tenías en mente y dirás con amargor aquello de "¡Yo tuve esa idea primero!".

La explicación de esto es bien sencilla: si bien tener ideas no requiere de ningún tipo de esfuerzo y es instantáneo, gratuito y placentero, llevarlas a cabo no es ninguna de esas cosas, especialmente en lo que a proyectos se refiere. Bueno, quizás placentero sí, pero es otro tipo de placer más relacionado con una satisfacción a largo plazo, no una gratificación instantánea precisamente. Y si has vivido este momento agridulce de dejar pasar lo que sabes que es una idea genial para crear algo, ya sabrás que eso no es lo peor.

Lo peor es que a menos que tengas tu Energía *Doer* a tope, para la mayoría de personas la no-acción es la consecuencia natural más normal que suele ocurrir después de tener una idea genial.

Tener una buena idea, querer llevarla a cabo, recrearnos mentalmente en lo genial que sería si lo hiciéramos, imaginarnos colores y detalles e implicarnos emocionalmente, para acabar no haciendo nada, no es precisamente un refuerzo positivo para nuestra fuerza de voluntad ni para nuestra parte *doer*. El mensaje que recibe nuestra mente con esto es que lo que hacemos cuando tenemos buenas ideas es desear y querer, soñar e imaginar, pero no conseguir que se hagan realidad. Y este es un mensaje muy peligroso para dejar grabado en el contestador automático de nuestra mente.

La buena noticia es que la Energía *Doer* se retroalimenta a sí misma. Es como intentar echar a rodar una roca gigante muy pesada por una pendiente. Al principio es muy costoso, pero cuando la roca empieza a coger inercia, es mucho más fácil. El mismo principio de inercia se aplica a la Energía *Doer*: cuanto más la usas, más se acumula, más se alimenta a sí misma y más sencillo te resulta volver a usarla. Por ello, antes de empezar en serio con tu proyecto es necesario asegurarnos de poner tu Energía *Doer* en movimiento. Y no te preocupes, porque por poca que tengas si la pones en funcionamiento de forma consistente, acabarás acumulando la necesaria para hacer frente a retos más grandes, como hacer de tu idea un proyecto real.

Empezaremos con algo sencillo para echar a rodar la roca con el mínimo esfuerzo. Seguro que tienes algunas tareas pendientes, ya sean domésticas, o contigo mismo, o quizás con un amigo o la familia. Ese tipo de tareas que sabes en el fondo de tu mente que tienes que ocuparte de ellas, pero llevas postergándolas demasiado tiempo. A lo mejor es podar el césped, o limpiar el ordenador de tu madre de virus, o quizás instalar esa lámpara tan bonita que comprasteis hace ya tres meses ("*¿tanto tiempo ya?*"), o puede que compartir aquellas fotos del fin de semana que tu amigo se ha cansado de pedirte una y otra vez.

Esas "tareas-obligaciones", entre comillas, están enquistadas en la maquinaria que permite que tu Energía *Doer* fluya y esté en movimiento, y por tanto están bloqueando tu camino y tu intención de hacer que tu idea sea una realidad. Un buen ejercicio para desbloquear tu Energía *Doer* es el siguiente:

- Haz una lista de todas esas tareas que tienes pendientes desde hace tiempo ya, y ordénalas de más pequeñas a más grandes. Si le das muchas vueltas y no encuentras cosas, pregúntale a tu pareja, o a tus amigos, o a tus padres, seguro que a ellos no les cuesta tanto.

- Dedica un mínimo de dos semanas para resolver cosas de esta lista de tareas pendientes. Empieza por las más pequeñas y ve poco a poco. Pide ayuda si ves que te quedas atrancado con alguna, y si hay alguna en concreto que se te resiste, no te estanques. Pasa a la siguiente y sigue, ya la retomarás más adelante.

- Quítate de en medio al menos una tarea por día. Usa la técnica Seinfeld del calendario que vimos en la sección "*Creando Tiempo*" para ir acumulando días marcados y procura no dejar ningún día sin marcar. Establece una recompensa por esas dos semanas de tareas pendientes realizadas. Y cuando consigas catorce cruces seguidas ¡concédete esa recompensa!

Al cabo de ese par de semanas notarás perfectamente como tu Energía *Doer* está fluyendo mucho mejor que antes, y si sigues realizando este ejercicio, progresivamente y con constancia podrás transformar ese mensaje de postergación automática ante tus ideas.

Y llegará el día en que cuando tengas un momento *eureka*, puedas conscientemente decidir si llevarla a cabo o no, sabiendo en tu interior que como buen o buena *doer*, podrías hacerlo si quisieras.

LICENCIA PARA CREAR:
4 CLAVES PARA DESPERTAR TU CREATIVIDAD DORMIDA

Además de empezar a desbloquear nuestra Energía *Doer*, vamos a cubrir todos los frentes y a asegurarnos también que los canales para que nuestra creatividad fluya se encuentran despejados. Si no eres de los que suelen tener ideas a menudo, lo más probable es que tu creatividad esté bloqueada, quizás porque necesite de cierto espacio y tu rutina diaria no se lo esté concediendo. La creatividad comparte con la Energía *Doer* dos características principales: todos, absolutamente todos, tenemos; y cuanto más la cultivas, más a flor de piel está, y por tanto más fácil es usarla.

Así que si tu creatividad anda dormida y te desespera que no se te ocurran "buenas ideas" para montártelo por Internet, o estás atascado en ese paso, antes de seguir frustrándote y buceando sin éxito horas y horas por la red en busca de la idea definitiva, prueba alguna de las siguientes estrategias para despertar tu creatividad:

CONECTA CON LA NATURALEZA: Concédete un día de desconexión gratuita, sin ningún propósito ni finalidad, más allá de disfrutar de ti mismo y de tu entorno. Coge un cuaderno o libreta para escribir por si te apetece, apaga tu móvil y vete a la naturaleza, a la playa, a la montaña o a algún sitio tranquilo que te inspire; y simplemente pasea o túmbate a escuchar los pájaros o el sonido de las olas del mar. Conecta contigo mismo y, si te apetece, ponte a escribir sin ninguna finalidad. En general cualquier cosa que ayude a desestresarte, está ayudando a que tu creatividad recupere ese espacio perdido.

RODÉATE DE CONTENIDO INSPIRADOR: A mí, leer libros de gente que ha llegado a donde yo quiero llegar, historias de casos de éxito o de no tan éxito, libros sobre motivación o inspiración, etc. me suele poner en modo lluvia de ideas por completo. Tanto que muchas veces tengo que parar la lectura, y o bien ponerme a tomar notas o bien simplemente disfrutar de mis devaneos mentales sin más. Rodearte de contenido que te motive e inspire, ya sean libros, conferencias, vídeos, música... es muy enriquecedor para tu creatividad y también, en el largo plazo, para tu motivación con tu proyecto.

RODÉATE DE GENTE INSPIRADORA: Al igual que rodearte de contenido inspirador, rodearte y relacionarte con gente creativa que te inspire, activará enormemente tu creatividad. Seguro que has vivido algún momento *brainstorming* con amigos, en el que la creatividad ha fluido delante de una servilleta de bar y han salido ideas geniales. Busca potenciar esos momentos y esas compañías inspiradoras. Eso te ayudará no sólo a activar tu creatividad sino también a potenciar tu pensamiento lateral.

FÍJATE EN EL DÍA A DÍA CON OTROS OJOS: Como veremos a continuación, resolver una necesidad es la base de muchas ideas para un proyecto. Observa tu día a día con otros ojos, busca las cosas que te gustaría que funcionaran de una mejor forma y practica el estar en descubrimiento. Puedes hacer esto con tu día a día o con el día a día de cualquier otra persona. Con el tiempo y la práctica verás cómo estás entrenando tus ojos para ver cosas que podrían mejorarse, potenciales necesidades, y como consecuencia de esto se te ocurrirán ideas para ello.

EMPÁPATE DE NUEVAS IDEAS Y OTROS PROYECTOS: Personalmente creo que todo está ya inventado y que la innovación nace de unir ideas que ya existían en la consciencia colectiva humana, de una forma diferente. Como ya decía Isaac Newton:

Si he logrado ver más lejos, ha sido porque he subido a hombros de gigantes.

Qué mejor práctica para tu creatividad que exponerla a muchas ideas y proyectos, cuanto más novedosos mejor. Comprobarás como poco a poco tu creatividad empieza a unir los puntos de formas diferentes y originales, que tendrán finales sorprendentes. Dos de las muchas páginas que recopilan nuevos proyectos e ideas son ProductHunt.com y Springwise.com.

Importante: no pongas en práctica ninguna de estas propuestas con la intención o el objetivo de encontrar "La Idea". La creatividad no se puede forzar, porque entonces se bloquea. Simplemente déjale el espacio que necesita y cuando menos te lo esperes, llegará ese momento *eureka*.

LA CHISPA QUE LO EMPIEZA TODO

Valga mucho o valga poco, esté muy idealizada o no lo esté, una cosa sí que está clara.

Tu idea te tiene que Apasionar.

Así con mayúsculas.

Cuando lancé *VisualizeUs* en Octubre del 2007, después de estar todas las vacaciones de verano trabajando en él para tenerlo listo, en lo único que podía pensar era en las venideras vacaciones de navidad para poder seguir completando cosas y añadir nuevas funcionalidades. En mi opinión, ese tipo de pasión es la que debes buscar tener con tu idea.

Te tiene que gustar y apasionar tanto que si te tienes que levantar todos los días dos horas antes porque es el único momento del día que le puedes dedicar, lo hagas más que gustoso. Te tiene que encantar tanto que todas aquellas, vamos a llamarlas, *"opiniones poco apasionadas"* que vas a escuchar (es importante asumir que no todo el mundo va a estar tan apasionado como tú, ni automáticamente encantado por tu idea), del estilo *"ahm... y eso ¿para qué?"* te resbalen olímpicamente en vez de afectar tu moral. Te tiene que apasionar tanto que te descubras pensando con verdaderas ansias en el próximo rato que le vas a poder dedicar.

Hay gente que se embarca en proyectos que no es que no les apasionen, es que ni siquiera le entusiasman un poco, sólo porque lo ven como una buena idea que puede ser muy lucrativa y rentable.

Claramente es otra opción disponible. Yo lo que me preguntaría a mi mismo es: ya que voy a invertir tiempo, energía y esfuerzo en sacar este proyecto adelante y hacer que funcione... ¿por qué no asegurarme que pongo mis energías en algo que además de ser potencialmente rentable, es también personalmente satisfactorio? Pudiendo matar dos pájaros de un tiro ¿por qué conformarse con menos?

Esa pasión, esas ganas que sientas por ponerte con tu idea, van a ser la chispa que encienda la mecha. Van a ser el combustible que va a alimentar inicialmente el compromiso con tu proyecto. Por eso es tan crucial que esa pasión esté presente. Porque si la mecha se apaga, y a veces pasa, vas a necesitar esta chispa de nuevo para volver a encenderla. Esa es la verdadera importancia de la idea, no la que nos venden las historias de éxito en las noticias.

Si aún no has encontrado tu idea online ideal, un buen sitio por donde empezar a buscarla es ese: tus pasiones.

Pero vamos a ir un paso más allá de tus pasiones.

Vamos a hacer un Mapeado de Tus Ideas Potenciales:

- Entra en *VictorEspigares.com/montatelo-bonus*, descárgate el *"Mapa para para Encontrar Tu Idea Online Ideal"* e imprímelo. Si no puedes descargártelo o imprimirlo ahora mismo, puedes empezar haciendo la primera parte del ejercicio dividiendo una hoja de papel en cuatro secciones.

- En la primera sección, haz una lista de todas aquellas cosas que te apasionan, te gustan o te encantan. Pueden ser cosas grandes, pueden ser cosas pequeñas. Cualquier cosa que te encienda la chispa en los ojos cuando piensas en ello o cuando se lo cuentas a alguien. Intenta apuntar a tener al menos 20 cosas en esta lista (no debería ser difícil ¿no?)

- En la siguiente sección, haz una lista de todas tus habilidades, aquellas cosas en las que sabes que eres bueno. Pueden ser habilidades que has adquirido durante los años (en el trabajo, en hobbies, etc) como por ejemplo, negociar con proveedores; o pueden ser habilidades que siempre has tenido, como por ejemplo, saber escuchar (haz una ronda de preguntas por familiares y amigos, si necesitas ayuda). No dejes de apuntar ninguna por tonta o poco relacionada que te parezca, nunca se sabe cómo podrás usarla.

— En la siguiente sección, lista todo el conocimiento específico que hayas adquirido durante tu vida. De nuevo, no juzgues si es válido o no, simplemente enuméralo. Conocimiento específico quiere decir aquel que el ciudadano medio no posee. Por ejemplo, si adquiriste durante la universidad conocimientos de nutrición y bioquímica, o si eres un *friki* de la historia moderna, lo pondrías aquí.

— En la última sección, apunta todos los retos que has superado hasta la fecha, entendiendo como retos situaciones en las que has tenido que crecer como persona para seguir hacia adelante. Pueden ser pequeños, como por ejemplo superar esa eterna contractura en tu espalda que no te dejaba vivir, o grandes, como por ejemplo superar una ruptura amorosa o la pérdida de un ser querido, o incluso recuperarte de ser despedido de tu trabajo de toda la vida y rehacer tu vida laboral en un nuevo ámbito..

— Tómate tu tiempo para madurar todas las listas. Ten el papel en algún lugar presente e invierte al menos cuatro o cinco días en ir anotando aquellas cosas que se te pudieron escapar del listado inicial.

— En el momento en que creas que ya están completas todas las listas, guarda el papel y olvídate de él durante al menos tres días. Necesitas de una visión clara cuando vuelvas a leerlo, así que esto es importante. Ponte una alarma en el móvil para volver a leer el papel en tres días y considera el ejercicio en pausa por el momento.

— Cuando vuelvas a leer el papel intenta encontrar los puntos de unión entre todas las secciones. ¿Qué pasa si escojo esta pasión y esta habilidad y las uno? ¿Y este otra conocimiento con esa habilidad? Intenta imaginarte cómo sería si otra persona creara un proyecto online uniendo diferentes cosas de diferentes secciones: cómo se vería, qué forma tendría, qué te gustaría encontrar en él, etc.

— Escribe ahora las ideas que te vayan viniendo, sin pararte mucho a revisarlas, únicamente volcando la información en bruto, anotando cualquier idea que te pueda surgir de realizar el trabajo de buscar puntos de unión entre las diferentes secciones. No juzgues si serían buenas o malas ideas. No entres a valorar si te gustan o no te gustan. No pienses de más. Tan sólo anota ideas en bruto a través de combinar las cuatro secciones. Deberías de acabar fácilmente con unas 20 ideas o más.

— Por último clasifica esa lista de ideas en brutas utilizando la Matriz de Demanda. La Matriz de Demanda es un concepto de Ramit Sethi, autor best-seller de The New York Times, que nos va a servir para rápidamente filtrar nuestras ideas y saber cuál va a tener más certeza de éxito. Consiste en clasificar nuestras ideas en cuatro cuadrantes, de izquierda a derecha y de arriba a abajo: 1) Alto Precio (precio caro, pocos clientes), 2) La Gallina de los Huevos de Oro (precio caro, muchos clientes), 3) Por Amor al Arte (precio bajo, pocos clientes) y 4) Mercado Masivo (precio bajo, muchos clientes).

— No te preocupes si alguna idea te cuesta clasificarla en alguno de los cuadrantes. Esto es sólo una herramienta más para organizar nuestras ideas, no para tomar una decisión final.

— Por último elige un campo o tema amplio en el que te quieres centrar ahora mismo y escribe un párrafo sobre él. Recuerda que dentro de ese campo pueden coexistir varias de tus ideas, materializándolas de diferentes formas posibles y con diferentes modelos de negocio como veremos más adelante (servicio, ebook, club de pago, etc).

OPTIMIZACIÓN DE LA IDEA

Todo lo que escribas en esta segunda hoja de papel y el trabajo de brainstorming que hagas uniendo tus pasiones con tus habilidades, conocimientos y retos superados es el caldo de cultivo necesario para encontrar tu idea online ideal, aquella que te apasione. Y recuerda el Manifiesto *Doer*:

Un doer sabe que es la acción la que causa la motivación, y no al revés. Por eso siempre elige dar pequeños pasos, que vayan construyendo unos encima de otros, para crear momentum hacia su visión.

Tu idea te tiene que apasionar como punto de partida, es imprescindible, es esa chispa que lo empieza todo. Pero en realidad la motivación es una consecuencia de la acción. Cuanto más te pongas en acción con tu idea, más se va a retroalimentar tu motivación y en consecuencia más pasión por tu proyecto va a residir en ti.

APORTANDO VALOR

Uno de los pilares fundamentales sobre los que tu idea debe sustentarse es que tiene que aportar valor para un cierto grupo de personas. Y como ya adelantábamos en el capítulo *"Hablamos de proyectos"* cuanto más grande sea ese grupo de personas (y matizaremos esto un poco más adelante), mejor para el rendimiento económico de tu proyecto.

Es sencillo: si tu proyecto aporta suficiente valor como para que la gente quiera usarlo, vas por buen camino. Si tu proyecto aporta tanto valor como para que la gente esté dispuesta a pagar por él, ya sea un servicio, un producto o un libro, vas por estupendo camino. Y cuanto más valor aporte, más se beneficiará la gente y más podrás cobrar por él.

Aportar valor está intrínsecamente relacionado con atender una necesidad. Son las dos caras de una misma moneda. Antes de que tu proyecto exista, hay un grupo de personas que tienen una necesidad. Una vez que tu proyecto es una realidad, pasas a aportar valor a esas personas, satisfaciendo parcial o totalmente esa necesidad. También puede ser que tu proyecto sea el que "cree" esa necesidad, en el sentido de hacer conscientes a tus usuarios o clientes de una necesidad que no sabían que tenían, de lo que hablaremos más adelante en el capítulo *"Porqué la Originalidad Mató al gato"*.

Una *"necesidad"* no tiene porqué ser algo grandilocuente, aunque el propio término nos despiste y nos lleve a pensar en los grandes problemas irresolubles de la humanidad. Como por ejemplo evitar que una tostada caiga siempre por el lado de la mermelada o hacer que un DeLorean sin condensador de *fluzo*[2] viaje por el tiempo.

Una necesidad puede ser simplemente convertir una tarea aburrida y pesada en algo más sencillo. O transformar algo que es tedioso o complejo, en rápido y simple. O mejorar un proceso que no es eficiente y optimizarlo. O también la falta de conocimiento necesaria para hacer o conseguir algo.

Algunos ejemplos didácticos de necesidades *online* pueden ser la dificultad de mantener actualizados a la última versión tus documentos entre diferentes dispositivos (PC, tablet, móvil, etc), el recordar todas las diferentes contraseñas para los miles de servicios en los que tienes cuenta[3] o la dificultad de poder imprimir un documento desde tu móvil en cualquier impresora del sitio donde te encuentres.

Solucionar una necesidad no se restringe únicamente a los servicios o aplicaciones web. Crear un producto de información (libro, ebook, vídeocurso, etc.) con tu conocimiento sobre cómo decorar creativamente espacios pequeños para que parezcan más grandes, es satisfacer una necesidad para cierto grupo de personas que no saben cómo hacerlo y quieren aprender. Vender camisetas con diseños únicos y artísticos es atender una necesidad para ciertas personas que quieren ir a la moda y están en la búsqueda de ropa diferente y exclusiva. Este mismo libro que lees se centra en la necesidad de saber cómo materializar eficientemente tus ideas en proyectos en Internet con los que poder crear (y sustentar) la vida que sueñas.

A la hora de optimizar tu idea antes de convertirla en una realidad es realmente importante que inviertas tiempo buscando la necesidad que piensas tratar con ella. Encontrar esa necesidad que resolverá tu

---

[2] Guiño para los frikis de Regreso al Futuro: ¿Sabías que fue incorrectamente doblado al español como "condensador de fluzo" en lugar de "condensador de flujo"? es.wikipedia.org/wiki/Condensador_de_fluzo

[3] Si usas la misma contraseña para todo ¡deja de retar al universo con tu osadía! Usar la misma contraseña para todo es poner en bandeja a quien la consiga toda tu actividad online. Usa diferentes contraseñas para cada cosas con el fin de reducir este riesgo.

proyecto no sólo es necesario e imprescindible para asegurar el éxito y buena acogida del mismo, sino que te va a ayudar a identificar a tus potenciales clientes o usuarios, conocerlos mejor, saber qué quieren y qué no quieren, y aprender a comunicarte con ellos de una forma más efectiva ("*¿Cansado de siempre la misma ropa? ¡Desmárcate! Prueba nuestra línea exclusiva de camisetas*").

También vas a saber transmitir con claridad la propuesta del valor que crea tu proyecto, lo cual es primordial. Imagina la diferencia cuando la gente te pregunte de qué trata tu proyecto, y tú en vez de contestar con el típico discurso de cinco minutos poco esclarecedor en el que acabas enumerando las funcionalidades de la web, eres capaz de articular el valor que tu proyecto aporta en una sencilla y comprensible frase. La diferencia será abismal para tu audiencia, que en vez de aburrirse sobre los detalles de qué hace y qué no hace, entenderán fácilmente la necesidad que resuelve, podrán comunicarla a otros y habrá muchas más probabilidades de que se vean reflejados en ella.

Una idea que no se centra en ninguna necesidad, o que cree hacerlo en una que no es real, está irremediablemente condenada al fracaso. Por eso es muy importante a la hora de optimizar tu idea, que antes de auto-convencerte a ti mismo de que esa necesidad existe, la analices con perspectiva y ojos críticos.

Si no estás seguro de cuál es la necesidad que resuelve, aún estás a tiempo de corregir el rumbo.

¡AL LADRÓN! ¡SE LLEVAN MI IDEA!

Es posible que te estés preguntando que si la idea en sí no es más que un pensamiento que sin la ejecución apropiada no vale nada… ¿por qué la gente teme tanto que les roben sus ideas? Es una buena pregunta que yo también me hago a mí mismo. Si cada vez que he escuchado la frase de "*eso lo tienes que patentar para que no te lo roben*" hubiera plantado un árbol, el Amazonas estaría repoblado a estas alturas.

Lo primero de todo, ya que estamos desmontando mitos: las ideas en sí no se pueden patentar (al menos en España). Se pueden patentar marcas, productos o invenciones (siempre que se puedan fabricar físicamente), y en cualquier caso no te da ninguna garantía, excepto la de embarcarte en una guerra legal larga, costosa y probablemente inútil que no podrás costear[4]. En el caso de programas informáticos, entre los que se incluyen webs y proyectos online, sí que puedes registrar las "entrañas" de los mismos, lo que se denomina "*código fuente*", que son las instrucciones escritas en algún lenguaje de programación que determinan cómo funciona ese software o esa web. Pero de nuevo, eso no te sirve de nada porque se puede replicar el mismo funcionamiento, sin que ni una sola línea de código sea idéntica al original. En otras palabras, se puede conseguir el mismo resultado de una forma totalmente distinta.

---

[4] En esta página de la Oficina Española de Patentes y Marcas plantean unas interesantes preguntas sobre la necesidad de una patente, como por ejemplo si puedes pagar para hacerla valer y perseguir infracciones legalmente, etc: *www.VictorEspigares.com/patentes*

Lo segundo, sabiendo del tiempo, energía y esfuerzo que requiere llevar a cabo una idea, lo último que me preocupa es que cualquiera que la escuche de mi boca corra a ejecutarla antes que yo. Sé por propia experiencia que hacer realidad una idea conlleva mucho compromiso y fuerza de voluntad, y que no es tan fácil como pueda parecer desde fuera. Si no sientes pasión y emoción por la idea, en otras palabras, si no la sientes como tuya, es difícil que todo esto te nazca de dentro.

En realidad compartir tu idea cuando aún está en una fase conceptual es muy valioso para hacerla evolucionar y madurar, gracias al *feedback* que recojas. Especialmente si lo haces con aquellos que consideres que van a ser tu futuro público, es decir, aquellos que sufren de la necesidad que tu proyecto tratará de resolver. Mantener tu idea encerrada dentro de la cabeza consigue justo lo contrario, que se estanque y marchite.

Como bien dice el emprendedor en serie Andrew Weinreich[5]:

> *Cuando se trata de startups, no soy un gran creyente del secretismo. Generalmente comparto mis ideas libremente y con personas que pienso que no se van a cortar al darme feedback honesto.*

Andrew fundó la primera red social en Internet allá en 1997, llamada Six Degrees, que posteriormente acabó vendiendo por 125 millones de dólares. Después de esto ha fundado y co-fundado seis empresas más en Silicon Valley.

Su consejo, como veremos en el capítulo *"Respondiendo a la Pregunta del Millón: ¿Funcionará?"*, es lo primero que un *doer* hace con una idea antes de decidir invertir tiempo y esfuerzo en ella: cerciorarse de alguna forma tangible, como por ejemplo consiguiendo *feedback* de potenciales usuarios, que la idea tiene posibilidades para funcionar, más allá de sus propios deseos o esperanzas. Esto forma parte también del proceso de Optimización de la Idea y es quizás uno de los pilares más cruciales en los que se basa.

---

[5] *www.VictorEspigares.com/cita-andrew*

OPTIMIZACIÓN DE LA IDEA

Cuando hablo de buscar el *feedback* de tus potenciales usuarios, clientes o audiencia, no me estoy refiriendo a que les preguntes "*bueno ¿y qué te parece mi idea?*". Con ese tipo de pregunta lo que vas a recibir es una opinión, que como ya sabemos es algo subjetivo y cada cual tiene la suya propia. En vez de eso, lo que te interesa es recibir información lo más objetiva posible, que a la vez sea valiosa para tu idea. Para ello son mucho más interesantes preguntas específicas del estilo de: "*¿pagarías por esta idea?*", "*¿cuánto?*", "*¿qué productos/contenido/etc. te sería útil encontrar?*", "*¿por qué usarías esto y no esta otra alternativa?*", "*¿cómo sería aún más útil para ti?*" etc. En cualquier estadio de tu idea conseguir feedback es crucial, aunque dependiendo de lo madura y evolucionada que esté tu idea, recibirás feedback más amplio o más concreto, ya que podrás identificar mejor a tus potenciales usuarios y podrás hacerles preguntas más concisas.

De cualquier forma, aunque quieras seguir creyendo que tienes que defender el secretismo de tu idea a capa y espada, la realidad aplastante es que siempre es más productivo enfocar tu energía en materializar tu proyecto, que en intentar evitar vanamente que nadie te copie la idea, o protegerla, o dedicarte a buscar proyectos que se han copiado o *inspirado* en el tuyo para poder indignarte de la falta de originalidad de algunos (he pasado por ahí, créeme). Tienes mucho más que ganar escuchando el feedback de tu público que cerrándote en banda.

Así que cuanto menos tiempo y energía malgastes preocupándote de que nadie te robe tu idea, mejor. Haz acopio de tu parte *doer* y no te vayas por las ramas: céntrate en ejecutar tu idea lo mejor posible y en hacerla una realidad, y olvídate del resto.

POR QUÉ LA ORIGINALIDAD MATÓ AL GATO

Atención, pregunta: ¿qué crees que es mejor? ¿Montártelo en Internet con una idea totalmente original o con una ya existente?

El *sentido común* igual probablemente nos lleve a creer que para tener éxito en Internet es fundamental que tu idea sea algo novedoso que la gente no haya visto nunca, porque obviamente así se dará a conocer mucho más rápidamente.

De hecho, si eres el primero con una idea totalmente original e innovadora, no tendrás competencia y podrás hacerte con todo el mercado más fácilmente ¿verdad? Es decir, que tienes muchas más ventajas que si entras el decimoquinto en una carrera que ya ha empezado y en la que ya hay varios corredores. Además también parece obvio que la satisfacción personal de crear algo totalmente innovador en comparación con la de crear *"otro de tantos"* no tiene parangón.

Mucha gente cuando me está contando su idea para montárselo por Internet añaden la coletilla de *"además, he buscado en Google y no he encontrado nada parecido"*. Es su forma de demostrar que se trata de una buena idea en la que merece la pena embarcarse. Obviamente es algo que no existe aún, no vas a tener ninguna competición, así que ¿cómo podría ser eso algo malo?.

Yo mismo he estado ahí y pensado así.

Hoy ya he aprendido por las malas que en realidad eso es una mala señal.

¿Por qué?

Estamos demasiado acostumbrados a relacionar innovación con idea de éxito (en general por culpa de los medios de comunicación que sólo hacen famosas las ideas novedosas) y en el mundo real del emprendedor de a pie eso no funciona así. De hecho, tener ideas *demasiado* novedosas no es nada recomendable, a menos que cuentes detrás tuyo con el apoyo de un departamento entero de marketing o que tengas la intención de buscar inversores para tu proyecto (escenario que no cubriré en este libro).

Cuando tu idea es tan original y nueva que no tiene un mercado ya creado al que poder dirigirte, te va a tocar a ti crear y abrir ese mercado. Es lo que se conoce como *educar al cliente*. Es decir, vas a tener que invertir tiempo, energía y recursos en explicarle porqué necesita tu producto o servicio, e incluso en hacerles ver que tenían una necesidad de la que ni siquiera eran conscientes, que es lo más duro. Es un proceso tan costoso y lento, que para una persona o un equipo pequeño con recursos limitados puede ser como cavarse su propia tumba.

En 2011 mi pareja Rosy y yo pusimos en marcha GraciasPorSerTu.com, un servicio telefónico de regalos para sorprender de una forma especial a alguien querido a través de un regalo que ni se toca, ni se ve, ni se huele, pero que llega al corazón: el regalo de la gratitud. Nos gustaba decir que era como regalar flores, pero con bonitas palabras directas a su corazón.

Tú regalabas un "gracias por ser tú" a alguien por algún motivo especial, explicándonos con todo lujo de detalles porqué esta persona era importante para ti, y nosotros preparábamos un precioso mensaje de agradecimiento de tu parte escrito directamente para llegar al corazón de esa persona y luego la llamábamos para transmitírselo. La llamada era una sorpresa y el efecto de escuchar de boca de una persona desconocida, con todo el cariño del mundo, tu agradecimiento por tener a esa persona en tu vida, causaba un impacto que no dejaba indiferente a nadie. Emoción, sorpresa, lágrimas... Las reacciones eran espectaculares y a menudo nos sorprendían hasta a nosotros.

OPTIMIZACIÓN DE LA IDEA

Era un servicio totalmente personalizado en el que cada regalo era diferente y preparado con mucho cariño. Un proyecto que nació con la intención de hacerle saber a las personas lo importantes que son para otros en su vida. Y hablo en pasado porque actualmente se encuentra en pausa y no estamos aceptando nuevos encargos.

En aquel año era, y lo sigue siendo a fecha de hoy, el único servicio de su estilo que conozcamos en español. Sin embargo, ese dato que a los periodistas les encantaba y siempre mencionaban en las entrevistas y reportajes que nos hicieron, se convirtió sin duda en el mayor handicap a la hora de hacer crecer el proyecto, porque significaba que no teníamos un mercado ya abierto al que dirigirnos.

La gente ni siquiera sabía que podían regalar lo que nosotros ofrecíamos y por tanto no nos buscaban (situación ideal), sino que teníamos que salir nosotros a buscarlos a ellos (situación nada ideal) y contarles los posibles usos y beneficios de nuestro servicio. Pero no teníamos ni los recursos ni la dedicación necesarios para hacerlo a una escala significativa. Y aunque tuviéramos un producto que a la gente le encantaba (nuestros clientes repetían hasta 4 y 5 veces regalándolo, a veces incluso de año en año), el tener que abrir un nicho de mercado hizo que el crecimiento del proyecto fuera especialmente lento y costoso durante los primeros años, y a la larga no consiguiéramos llegar de la forma que queríamos a nuestro mercado.

Sin embargo cuando tu idea ya tiene un mercado creado al que poder dirigirte el proceso de captar tu nicho y hacerte un hueco en él se produce mucho más rápido. Y lo mismo ocurre cuanto más concreto y específico es el nicho al que te diriges, como ya hemos visto. De hecho, que ya existan ideas similares a la tuya te está demostrando que existe un mercado ahí y que hay gente dispuesta a pagar dinero por esa solución. Montar un proyecto en un mercado ya existente, en un nicho concreto y no excesivamente cubierto, puede ser igual de satisfactorio a nivel personal y financiero, pero mucho menos frustrante. Si no existe ninguna idea similar funcionando y eres tú el que tiene que abrir el mercado, siempre tendrás la duda de si eres tú el que no está consiguiendo abrir y llegar a ese mercado o si realmente no existe un mercado ahí.

Encontrar estos proyectos similares a tu idea no siempre es sencillo, por eso en *www.VictorEspigares.com/montatelo-bonus* he preparado una plantilla paso a paso para ayudarte a hacerlo (que te servirá también para saber si estás siendo demasiado original en el mal sentido con tu idea).

Pero ojo, no estoy diciendo que hagas lo mismo que todo el mundo. Ni que te conviertas en un imitador y clones algo que ya está funcionando sólo porque creas que lo hace.

Tu idea tiene que ser lo suficiente original como para que te motive y te apasione crearla, pero la clave reside en que tiene que serlo *para ti*. En este escenario, será tu originalidad y tu voz propia a la hora de ejecutarla la que diferenciará tu proyecto de otros parecidos y lo que atraerá a tu público. No olvides que la idea no es el único aspecto donde puedes innovar y volcar tu originalidad y creatividad, como veremos en el siguiente capítulo.

En cualquier caso, como buen o buena *doer* que llevas dentro, no dejes que el no tener una idea radicalmente nueva y original que nadie ha llevado a cabo antes en la red sea la excusa que te frene para no ponerte en acción. Tanto si piensas que lo que montes *online* tiene que ser totalmente original e innovador, como si piensas que está todo inventado y eso hace que se te quiten las ganas; rétate a ti mismo. Siéntate a reflexionar y a escribir (con papel y lápiz) sobre esa necesidad o esa conversación. El hecho de escribir tus reflexiones hará que llegues a sorprendentes conclusiones.

Innova en tu idea pero siempre con equilibrio y busca siempre apoyarte en mercados ya abiertos y en nichos concretos. Recuerda: si no encuentras a nadie que esté haciendo algo parecido a lo que tienes en mente, mala señal.

OPTIMIZACIÓN DE LA IDEA

Y sobretodo, aunque para la gente sea "*otro de tantos*", no dejes que nada ni nadie te quite las ganas de expresar lo que te hace único a través de tu proyecto. Porque ahí es donde reside la verdadera originalidad.

POR QUÉ LA ORIGINALIDAD MATÓ AL GATO (II): UN EJEMPLO DE INNOVACIÓN DIFERENTE

Tu idea puede ser por ejemplo querer crear una tienda *online* de zapatos porque es lo que siempre te ha apasionado: los zapatos en todas sus formas y colores. Sabes por experiencia propia que en tu país es difícil poder encontrar ciertas marcas o modelos, y quieres poder resolver esa necesidad con tu proyecto para otros amantes de los zapatos como tú.

Pero a la vez también sabes que ya existen cientos de tiendas de zapatos en Internet y te da un poco de miedo crear "otra de tantas" y perderte en el fondo de ese océano sin que nadie acabe reparando en ti. No quieres invertir tu valioso tiempo y energía en tu idea para que finalmente se quede en nada, como es lógico. Así que sabes que tienes que innovar en algo, diferenciarte de alguna forma del resto para tener éxito online, pero en realidad no sabes en qué.

Tu originalidad y sello propio pueden residir en la ejecución de tu idea, en cómo la materializas. Puede ser en la forma en que sirves los pedidos, quizás acompañados de una nota escrita a mano y unos caramelos. Puede ser en el tipo de productos que vendes, por ejemplo especializarte en zapatos italianos de alto tacón de marcas muy específicas. Puede ser en la forma de relacionarte con tus clientes, con un trato humano y personal, como por ejemplo hace Zappos.com. O puede ser en una combinación ganadora de todas estas cosas.

El caso de Zappos es digno de estudio y es el ejemplo perfecto de que la diferenciación no tiene porqué ir asociada con la idea. Zappos.com es la mayor tienda online de zapatos que existe actualmente. Tiene contratados a más de 1,500 empleados, facturó en 2009 cerca de un billón de dólares y fue adquirida por Amazon.com en ese mismo año. Con tales magnitudes como empresa, uno puede pensar que el servicio de atención al cliente no debe de ser muy bueno. Seguramente externalizado a otra empresa u otro país y repleto de frustraciones y de mareos para el cliente.

Lo típico: llamas para descambiar tu nuevo par de zapatos porque no tienen el color que te parecía que tenían en la web y después de que te pasen por tres departamentos diferentes, con tres personas diferentes a las que les tienes que contar de nuevo tu historia, la comunicación "misteriosamente" se pierde y tienes que volver a llamar para recorrer el laberinto del fauno de nuevo. Y así sucesivamente hasta que finalmente consigas dar con alguien competente que te resuelva el problema, si es que acaso existe esa persona y no se trata de un mito. Vamos, un poco similar a lo que vienen siendo la teleoperadoras de turno de hoy día.

Pero la cultura de empresa que Zappos ha promovido desde el primer día es la de estar al servicio de sus clientes y por mucho que crezca, ser una compañía humanizada, y no deshumanizada. A los empleados de Zappos se les anima en todos los niveles a que vayan mucho más allá de lo que se espera de ellos a la hora de atender y dar soporte o ayudar a sus clientes. No tienen guiones a la hora de contestar una llamada ni un tiempo máximo al que ceñirse, prácticas ambas muy comunes en los *call centers* de atención al cliente.

En Zappos el servicio al cliente es uno de sus factores de diferenciación y está tan integrado en la cultura de la empresa que su CEO (director ejecutivo) no la define como una tienda construida en torno a los zapatos, sino como una tienda de zapatos construida en torno a la atención al cliente.

El mismo CEO, Tony Hsieh, en una noche de marcha a las tantas de la madrugada se apostó con un representante de la marca Sketchers

OPTIMIZACIÓN DE LA IDEA

que si llamaba a la línea de atención al cliente de Zappos, le podrían decir el sitio más cercano para comerse una pizza. La persona que respondió la llamada en el *call center* al principio se quedó perpleja, pero devolvió la llamada dos minutos más tarde con una lista de las cinco pizzerías más cercanas que estarían abiertas a esa hora intempestiva.

Otro ejemplo de cómo en Zappos la interacción con el cliente es su forma de diferenciarse, es la historia de una mujer cuyo marido falleció en un accidente de tráfico poco después de que ella le encargara unas botas a través de la web de Zappos. Cuando al tiempo la mujer recibió las botas en casa, llamó a atención al cliente para devolverlas porque obviamente su marido no iba ya a poder usarlas. La devolución se procesó sin problemas y la llamada quedó ahí.

Lo que ella no podía esperar era recibir al día siguiente en casa un ramo precioso de flores con una nota dándole el más sincero pésame por parte de Zappos. La idea de mandarle el ramo y la nota vino directamente de la persona que la atendió por teléfono, que ni siquiera lo consultó con su superior. Las encargó y pagó en nombre de la empresa y se las mandó. Así es como funciona la cultura de una empresa que esta al servicio de sus clientes.

El modelo de negocio de Zappos está basado en vender zapatos, sí, pero lo hacen de una forma diferente: a través de dar un buen servicio a sus clientes, fidelizarlos y crear relaciones con ellos. Y ese es su secreto a voces para el rápido crecimiento que han tenido, gracias primordialmente al boca a boca de sus más que satisfechos compradores.

Es el ejemplo perfecto de cómo una idea "de tantas" que ya existen ha triunfado gracias a diferenciarse en algo básico y esencial en Internet como es el trato al cliente.

PIENSA EN GRANDE, EMPIEZA EN PEQUEÑO

Muchas veces nos obnubilamos a nosotros mismos con la imagen mental de lo que queremos alcanzar con nuestra idea y el resultado final es que el bosque no nos deja ver las ramas. Muchas otras veces son la impaciencia, el desconocimiento o las ganas las que hacen que queramos empezar la casa por el tejado, con el resultado de que al poco de estar trabajando sin descanso en ese tejado, descubrimos para desesperación nuestra que obviamente se cae al no tener nada que lo sujete.

Es posible que tengas tu idea más que definida y nítida en tu cabeza, a todo color y lujo de detalles (o a lo mejor no, en cuyo caso podrás aplicar lo siguiente igualmente). Ya sabes qué tipo de cosas le vas a añadir, como funcionalidades para tus usuarios, o diferentes productos en tu tienda online, o los temas sobre los que vas a publicar un ebook y venderlo en tu blog. Al igual que ya tienes en mente las siguientes cosas que sacarás después de esas, y así sucesivamente.

Por lo general, cuanto más tiempo pasamos pensando en nuestra idea, de forma natural más tendremos a querer "aumentarla", añadiéndole complementos, haciéndola más grande, quizás más ambiciosa y normalmente yendo más lejos en un hipotético futuro mental. Mi sugerencia aquí es que hagamos justo lo opuesto: un esfuerzo consciente en centrarnos en el presente y en abrazar el minimalismo más radical como parte del proceso de optimizar nuestra idea.

Haz el siguiente ejercicio escrito: escribe tu idea con todo lo que conlleva en tu mente, detalles, funcionalidades, añadidos, complementos, etc. Todo lo que ya tengas pensado sobre tu proyecto. Usa una línea por cada cosa. A continuación empieza a desbrozar de todos los ítems que has escrito, aquellos que no son realmente imprescindibles para la esencia de tu idea. Céntrate en quedarte con lo que verdaderamente es fundamental de tu idea, aquello que la hace única, la base sobre la que construirás el resto. Puedes ir apuntando todos los complementos, funcionalidades o ideas secundarias que taches en otra página para revisarlo en un futuro, pero por ahora no nos harán falta. Al final, deberías quedarte con la esencia de tu idea, junto con los mínimos detalles necesarios para materializarla.

Por ejemplo, si tu idea es usar tu experiencia y conocimiento sobre educación infantil en valores para montártelo por Internet y tienes en mente crear y vender un e-book sobre un primer tema, también crear un blog donde ir aglutinando una audiencia y ofrecer contenido gratuito, vender una serie de vídeos sobre un segundo tema relacionado, crear también un podcast semanal... escoge lo que vaya a constituir la base de todo y empieza a construir desde ahí. En este caso, la base sería encontrar y atraer una audiencia que quiere escuchar lo que tienes que decir.

Recuerda el Manifiesto *Doer*:

Un doer entiende que menos es más. Que en la simpleza radica el verdadero valor y que si hay que invertir tiempo no es en sobrecargar ni complicar las cosas, sino en reducir, simplificar y destilar la esencia.

Céntrate en hacer una única cosa, pero hazla mejor que nadie. En una carrera de fondo es recomendable tener un único frente abierto, y no quince, porque lo que interesa es llegar cuanto más lejos, mejor.

Y aquí es donde mucha gente se lía. Pero... ¿por qué empezar pequeño si debemos estar pensando en grande?

OPTIMIZACIÓN DE LA IDEA

Pensar en grande es una cualidad que personalmente valoro mucho, y que creo que mucha gente no entiende del modo más productivo o beneficioso. Pensar en grande no es pensar en tu cabeza cómo tu idea va a dominar el mundo, hacerse conocida por doquier y plantarle cara a Facebook o Twitter. Eso es vulgarmente conocido como una *"paja mental"*.

Pensar en grande es no ponerle tú los límites al crecimiento de tu proyecto, apuntar alto hacia dónde pueda llegar, pero a la vez ser realista. Para poder pensar en grande, primero hay que entender que hay que empezar en pequeño, con los pies en la tierra.

Un ejemplo de pensar en grande desde el prisma correcto es por ejemplo hacerse consciente de que tu proyecto puede (¡y debe!) dirigirse al mundo entero y no tiene porqué restringirse geográficamente a una ciudad, área o país. No hay fronteras geográficas para un proyecto *online*, pero mucha gente que emprende en Internet por primera vez se las pone porque llevan consigo sus antiguos modelos de negocio tradicional.

Como ya he mencionado con anterioridad, la mayor base de usuarios de *VisualizeUs.com* es norteamericana (cerca del 50%). Es un proyecto que nació en inglés y que siempre se ha proyectado a nivel internacional. Si lo hubiera sacado en español con mucha probabilidad no hubiera tenido el éxito que ha tenido. Por otro lado, GraciasPorSerTú.com es un proyecto dirigido únicamente al mercado hispanohablante, pero aún así sin límites geográficos. Puedes encargar regalos para cualquier parte del mundo y desde cualquier parte del mundo, siempre que la persona que lo vaya a recibir entienda español.

Pensar en grande no tiene nada que ver con las dimensiones de tu idea. No sirve de nada pensar en una idea grandilocuente para luego no poder llevarla a cabo por lo sobredimensionada que está. Tampoco sirve de nada empezar diez frentes diferentes a la vez y desperdiciar nuestra Energía *Doer* diversificándola demasiado. Por eso empezamos desmenuzando tu idea en migajas, para poder quedarnos con lo que verdaderamente importa y centrarnos al 100% en ello.

Porque cuanto más reducida y *abarcable* sea tu idea, más probabilidades tendrás de poder llevarla a cabo y eso es lo que vamos buscando: aumentar al máximo tus probabilidades de tener éxito.

DENTRO DE TUS POSIBILIDADES

Otro problema con el que me encuentro a menudo es que la gente tiene ideas que no están dentro de sus posibilidades. No es que se salgan un poco de su círculo de confort, lo cual es normal y esperable; sino que son ideas muy fuera de su liga.

No sirve de mucho que hayas tenido la que crees que es la idea del siglo que va a revolucionar Internet si no sabes programarla, ni estás dispuesto a aprender, ni consigues convencer a alguien que sí sabe, para llevarla a cabo juntos.

De la misma forma que para mí tener una genial idea (o lo que yo creo como genial) sobre energías renovables no me coloca en ninguna posición ventajosa, ya que tristemente mis conocimientos de energías renovables no darían ni para cubrir un párrafo. Si verdaderamente estoy comprometido con mi idea, mi mejor opción es lograr convencer de su genialidad a alguien que sí que entienda de ese tema para asociarnos y realizarla, y lo que es más importante, que le siga pareciendo genial cuando esté sobrio. Pero si descubro que no estoy suficientemente comprometido con la idea, lo mejor para evitar frustraciones es dejarla ir pronto y buscar otra que se adecue mejor a mis posibilidades.

Esto ocurre mucho en el mundo online con los servicios, ya que suelen ser proyectos con base muy tecnológica, que van a requerir saber programar para poder materializarlos. Ya no es sólo usar un servicio pre-existente para llevar a cabo nuestra idea (como por ejemplo para crear nuestra tienda online), sino que vamos a necesitar saber programar para crear algo que no existe aún. La realidad es que hay mucha más gente con *geniales* ideas tecnológicas en busca de alguien que las pueda llevar a cabo, que programadores y desarrolladores ociosos dispuestos a invertir su tiempo en llevar a cabo las ideas de otros. Ya lo decíamos con anterioridad cuando hablábamos del miedo a que te roben tu idea: tener ideas es gratis, mientras que llevarlas a cabo no lo es tanto.

Esto no quiere decir que si no sabes programar ni te plantees crear proyectos de base tecnológica, ni mucho menos. Significa que vas a tener que encontrar la forma de llevarlo a cabo. Al fin y al cabo, todo se reduce al grado de compromiso que tengas con tu idea.

Conozco gente que cansados de buscar a alguien con el que asociarse para llevar a cabo sus ideas, en una explosión de Energía *Doer* se han liado la manta a la cabeza y han aprendido a programar para poder llevarlas a cabo ellos mismos. Obviamente su satisfacción personal es inmensamente mayor que el de aquel que tiene una idea y acaba frustrado por no poder llevarla a cabo, aunque como es obvio también conlleva sus sacrificios. También está aquel que ha removido cielo y tierra, *online* y *offline*, hasta encontrar a alguien con el mismo nivel de compromiso que él para llevar a cabo su idea. No hay nada imposible para un *doer*, pero todo depende del nivel de compromiso que tengas con tu idea.

Si tienes una idea que excede muy y mucho tus posibilidades actuales y estás decidido a llevarla a cabo, esencialmente tienes tres opciones:

AUMENTAR TUS POSIBILIDADES: En otras palabras, aprender aquellas habilidades que te hagan falta para llevar a cabo tu proyecto, sea programar, sea hablar inglés si es necesario para tu mercado, sea volverte experto en material de entrenamiento personal si es eso lo que quieres comercializar. En el caso de querer aprender a programar, actualmente hay excelentes iniciativas online para hacerlo con un enfoque muy práctico como CodeAcademy.com y otros proyectos similares[6].

---

[6] blog.ted.com/2013/01/29/10-places-where-anyone-can-learn-to-code

OPTIMIZACIÓN DE LA IDEA

ASOCIARTE CON ALGUIEN: Buscar a alguien que te pueda aportar aquello que te falta. Esta persona debe estar dispuesta a invertir su tiempo y energía en tu idea, lo que a su vez se reduce a dos requisitos primordiales: creer en tu idea y estar en el mismo nivel de compromiso que tú. Sobre esto se podría escribir un libro entero, al igual que sobre el siguiente punto.

CONTRATAR A ALGUIEN: Si no encuentras a alguien que crea en tu idea como tú lo haces, con el mismo nivel de compromiso que tú y que esté dispuesto a invertir su tiempo y energía como tú... bueno, siempre puedes pagarle a alguien para que te aporte aquello que te falta. El problema si quieres desarrollar un servicio de base tecnológica es que estarías subcontratando precisamente el alma de tu proyecto, lo cual no es barato ni tampoco del todo recomendable, aunque no deja de ser una posibilidad sobre la mesa. Si tu proyecto no se basa en un servicio de base tecnológica, sino que se trata de una tienda online, o está basado en información como un blog, esta opción es mucho más viable.

Existe una cuarta opción que no debes descartar: si tienes una idea que excede tus posibilidades y no estás completamente seguro de estar comprometido al 100% a hacer todo lo que se requiere para llevarla a cabo, lo mejor que puedes hacer es abandonar esa idea cuanto antes y buscar otra que se ajuste más a tus posibilidades.

Aunque pueda sonar duro, si no estás seguro de estar totalmente comprometido, es la mejor opción para evitarte sufrimientos y evitar malgastar tu tiempo y tu energía. Esta opción requiere de cierta maestría y sin duda de cierta fortaleza *doer*. Abandonar una idea cuando uno está entusiasmado con ella, ha dedicado horas a optimizarla, a responder a la pregunta del millón, etc., para ir a buscar otra sin que tu motivación sufra entre medias, no es trivial. Aquellos que ya hayan vivido la frustración de intentar llevar a cabo una idea fuera de sus posibilidades probablemente lo tengan más fácil.

Abandonar una idea no significa dejarla de lado para buscar otra completamente diferente (aunque pueda ser eso). Uso el término "abandonar" porque la gente se suele apegar tanto a sus ideas y todos los artefactos que construirían a su alrededor, que reducirlas o simplificarlas a algo adecuado a sus posibilidades actuales, supone "abandonar" o "dejar ir" todos esos devaneos mentales poco realizables.

Supongamos por ejemplo que tu idea es crear un servicio para que la gente pueda diseñarse sus propias camisetas con una bonita interfaz[7] súper sencilla que les permita arrastrar textos con diferentes tipografías, seleccionar colores, añadir efectos y demás, para posteriormente vendérsela a otros usuarios. Lo cual obviamente en tu mente va a quedar chulísimo.

Pero honestamente, tus posibilidades actuales dan sólo para montar a duras penas una tienda online, y eso pidiendo ayuda, *outsourceando* y saliendo bastante de tu zona de confort. En tal caso, "abandonar" tu idea puede verse como reducirla a algo abarcable. Por ejemplo podría ser crear una página donde cada semana los usuarios manden diseños de camisetas, y el resto de visitantes puedan votarlas, y la más votada se fabricaría para comprarla. Es en esencia la misma idea (camisetas diseñadas por la gente que cualquiera puede comprar), pero la simplificamos al nivel actual de tus posibilidades y la concretamos con otro tipo de proyecto.

Recuerda: cuanto más se adecue tu idea a tus posibilidades, más probabilidades de llevarla a cabo con éxito tendrás.

---

[7] Se denomina interfaz de un software, servicio o web a todo aquello con lo que el usuario interacciona: botones, menús, mensajes, textos, ventanas, etc. Por ejemplo, la interfaz del sistema operativo Windows son las ventanas, los botones para maximizar o minimizarlas, la barra de menú, los iconos, etc.

RESPONDIENDO A LA PREGUNTA DEL MILLÓN: ¿FUNCIONARÁ?

Ya sabemos que en el momento de tenerla, tu idea es buenísima. Vamos, lo nunca visto. Posiblemente un pelotazo. Qué narices, fijo fijo que te forras. Claro que sí.

Lo malo es cuando te pones a llevarla a cabo y estás con las manos en la masa invirtiendo tu tiempo, realizando esfuerzos y sacrificios (*nadie te dijo que la cosa costara tanto... bueno, excepto el tío ese del libro que te leíste, pero no le hiciste mucho caso pensando que seguro que exageraba*) y pasan los días, y las semanas...

Entonces es cuando te asaltan las dudas: ¿es realmente buena mi idea? ¿la usará la gente? Y más importante todavía... ¿querrán pagar por usarla?.

¿Funcionará?

Del primer indicador para saber si tu idea tiene las probabilidades necesarias para funcionar ya hemos hablado: es saber si resuelve total o parcialmente una necesidad para un grupo de personas. Si tu idea, y futuro proyecto, le hace la vida más fácil a esas personas en una determinada área o tarea, entonces vas por buen camino.

Sí, pero... ¿cómo saberlo realmente?

El segundo indicador que se suele usar, éste no muy acertadamente, es la búsqueda de validación externa. Los primeros afectados suelen ser los clásicos, ya sea tu pareja, tus amigos, tu familia o cualquiera que tenga ganas de escucharte. Lanzas tu idea y ves cómo rebota. Ya hemos comentado lo valioso que es este proceso y si escuchas con el par de orejas adecuado, es seguro que vas a poder perfeccionarla y pulirla. También es posible, si no escuchas con el par de orejas adecuado, que haya opiniones que te enfríen o te desalienten. Pero recuerda: ninguna de estas personas puede saber a priori si tu idea va a funcionar o no. Son sólo opiniones y cada uno tiene la suya. Así que este indicador no nos resuelve la gran cuestión que tenemos entre manos.

Hay quien elige confiar en el criterio de un inversor para responder la pregunta del millón. Redactan un plan de negocio con pelos y detalles, proyecciones numéricas a un año, tres y cinco, y todos los extras posibles incluidos y se dedican a ir puerta por puerta, de inversor en inversor. Si alguno decide poner su dinero ahí, a la fuerza tiene que significar que la idea es buena y va a funcionar ¿no? Pues puede que sí, puede que no. Habrá quienes acierten en sus inversiones y los habrá que no acierten tanto. La realidad es que objetivamente hablando se reduce a una mera cuestión de probabilidades. Pero que alguien con dinero para invertir, decida invertirlo, sólo nos está diciendo que esa persona en concreto *cree* que puede funcionar.

Los únicos que de verdad pueden responderte a la pregunta de "*¿Funcionará?*" son tus futuros potenciales clientes y esa es toda la validación que debes buscar para tu idea. De nada te sirven las opiniones gratuitas de cualquiera que no tenga la necesidad con la que tú estás lidiando. Son las personas que sí tienen esa necesidad las que si tu idea, ya sea en forma de servicio, producto o curso, les aporta valor, van a querer pagar por ella. Entonces ¿qué mejor que preguntarle a esas personas para saber si realmente tu idea va a funcionar?

Es lo que llamamos la Validación de tu Idea, una parte muy crítica de la fase de Optimización de Idea que estamos viendo.

Para validar tu idea lo que necesitas es saber si tu público potencial está interesado en pagar dinero por ella (si no tienes claro cómo llegar a tu público potencial, no te preocupes, hablaremos de esto en un par de capítulos).

La primera parte de la validación de tu idea es recabar feedback de tu público.

Acude a tu público potencial y cuéntales lo que quieres hacer. Comparte tu idea con esas personas y pídeles *feedback*. Recuerda que no se trata de pedir opiniones subjetivas, sino de conseguir información lo más objetiva posible y que nos sirva para nuestro propósito. Averigua si les parece útil, si pagarían por ella, cuánto pagarían, qué cosas se les ocurre que faltan, qué sería lo más importante para ellos, qué cambiarían, qué mejorarían... en definitiva, cualquier cosa que te ayude a responder la pregunta del millón y que sea información valiosa para llevar a cabo tu idea.

Lo mejor para esto es realizarlo en varias fases. Por ejemplo en una primera fase puedes empezar por mantener conversaciones privadas (por e-mail, teléfono o incluso en persona para tomar un café) con cierto número de personas que para ti sean representativas e influyentes en tu público potencial. Integra el feedback recogido y impleméntalo en tu idea. Cuando consideres que hayas recogido suficiente feedback, pasa a la segunda fase: realizar una encuesta[8] a un grupo más amplio de personas de tu público, usando la información que recabaste en la primera fase.

La segunda parte de la validación de tu idea tiene un doble propósito. Por un lado es testear tu idea públicamente, y por otro, de igual forma importante, empezar a atraer interés hacia ella. Es lo que llamaremos la estrategia de la web fachada, también conocida como *landing page* en inglés, que posiblemente sea una de las que mayor fiabilidad te brinde a la hora de responder a la pregunta del millón.

---

[8] Para crear encuestas puedes usar los formularios de Google Docs, gratis, simple y fácil: support.google.com/docs/answer/87809?rd=1 o SurveyMonkey.com.

La estrategia de la web fachada consiste en crear una página web anunciando tu producto o servicio, sus virtudes y beneficios, la necesidad que resuelve, cómo funciona, el público al que va dirigido... en definitiva lo que sería la página web de venta de tu proyecto. Sólo que tu producto o servicio o curso no necesita estar ya listo. Es sólo la web de venta la que vamos a poner online con la correspondiente opción de apuntarse a nuestra lista de correo.

Esto tiene una serie de ventajas muy importantes. Por un lado, tendremos ya algo visible que podemos empezar a promover a través de nuestros canales (redes sociales, grupos, foros, etc). Vamos así dándolo a conocer a la misma vez que vamos recopilando emails de personas interesadas en nuestra lista de correo, requisito imprescindible para tener éxito cuando lancemos nuestro proyecto. Por otro lado, nos permite integrar el lenguaje usado por nuestro público potencial durante la primera parte de recopilación de feedback, optimizar cómo comunicamos el valor de nuestra idea e ir probando y afinando hasta que sea irresistible para nuestro público.

Recuerda: Se trata sólo de una fachada vacía, pero que incluye toda la información necesaria sobre el proyecto, sus beneficios, cómo funciona, etc. No hace falta que esté tan trabajada como la que será tu web definitiva, ni en cuanto a diseño ni nada, pero sí que incluya la suficiente información para que un visitante pueda decidir si apuntarse a tu servicio o no. Y por supuesto dar la opción de apuntarse.

Aquí hay varias variantes a elegir: hay quien directamente anuncia que el servicio estará disponible en un futuro y da la opción de para estar al tanto de novedades; hay quien ofrece algún tipo de contenido extra relacionado con el proyecto que ofrece valor al visitante a cambio de apuntarse (como por ejemplo *"Consigue mi lista con las 7 herramientas imprescindibles para grabar entrevistas profesionales"*); y hay quien no lo dice, sino que la opción de apuntarse es como si fueras a suscribirte al servicio o comprar el producto directamente. Y cuando alguien hace click para hacerlo, se le muestra un mensaje pidiendo disculpas porque el servicio aún no está operativo o el producto no está listo aún, y se le sugiere apuntarse a la lista de correo para que le avisemos en cuanto lo esté. Esta segunda opción da una mejor idea de qué porcentaje de visitantes está realmente interesado en *pagar* por nuestro proyecto, mientras que las dos anteriores dan una idea del porcentaje que está interesado en nuestro proyecto (pero quizás no en pagar por él, sino sólo en saber más).

Mi recomendación es que las combines y obtengas ambos tipo de información. La última variante *"compra mi servicio/producto, lo siento no está listo aún"* puede sentar mal a algunos compradores que están listos para hacerlo, pero te dará información muy fiable para responder la pregunta de *"¿Funcionará?"*. Así que puedes llevar a cabo esta variante durante una primera etapa limitada en tiempo quizás a una o dos semanas, y cuando tengas información concluyente pasar a la variante de *"este es mi servicio/producto, mientras lo acabo, descárgate este material relacionado"* que funcionará mucho mejor a largo plazo.

La estrategia de la web fachada no es un extra para aquel que tiene un exceso de tiempo a la hora de materializar su proyecto en la red. No es una asignatura opcional del curriculum que eliges o no eliges a tu albedrío. Ni una de libre configuración para los más emocionados con el tema dispuestos a experimentar. Es una troncal obligatoria, necesaria e imprescindible para todo aquel *doer* comprometido con vivir de la red que quiere saber que el tiempo que está invirtiendo en su proyecto va a acabar siendo aprovechado, y no malgastado trabajando en una idea de un servicio o producto que nadie quiere comprar.

Sin duda para implementar esta estrategia la sección de *"Ejecución"* vendrá que ni al pelo, pero es interesante resaltar en este punto que existen servicios dedicados expresamente a crear este tipo de *landing page*, sin necesidad de complicarte de momento con historias de alojamiento web, instalar Wordpress ni nada. Eso será necesario, pero más adelante.

En este momento con usar servicios como LeadPages.net en el que podrás seleccionar una plantilla ya hecha, o Instapage.com donde crear tu página a base de arrastrar elementos, podemos tener nuestra web fachada lista para capturar emails y validar nuestra idea en cuestión de horas. A la hora de recopilar correos puedes usar Mailchimp.com, que con su versión gratuita te permite hasta 2,000 contactos. No entraremos ahora mismo más en la parte de la promoción, pero te doy una pista: al final del libro hay un importante bonus para ti sobre esto.

Es importante que en esta fase de validación de tu idea busques obtener información lo más representativa posible. Pasarle una encuesta a cinco personas de entre tus conocidos que tú *piensas* que tienen esa necesidad que tu idea va a tratar, no es representativo, es sesgado. Asegúrate de que buscas a tu público potencial, y no que escoges a gente que para ti encaja entre tus contactos, y asegúrate de obtener información de suficientes personas para que la muestra sea representativa y puedas fiarte de esa información.

A la hora de escuchar a tus futuros usuarios, permanece abierto a la posibilidad. Vas a obtener información que puede ser verdaderamente crucial en una fase temprana, y no tan temprana, de tu proyecto. Así que tampoco te apegues demasiado a tu idea inicial. Recuerda que vas buscando aportar valor a ese grupo de personas, no llevar la razón sobre la necesidad que tú *crees* que tienen y lo bien que les vendría tu idea. No serías el primero en descubrir que tu idea no causa gran sensación, pero escuchando atentamente encuentras otra necesidad más acuciante que resolver.

RESPONDIENDO A LA PREGUNTA DEL MILLÓN: ¿FUNCIONARÁ? (II). UN CASO DE ESTUDIO

Lucas Carlson, el fundador de AppFog.com, un servicio de plataformas en la nube para programadores, usó la estrategia de la web fachada para testear su idea y responder a la pregunta del millón.

Al pasar tiempo en un foro para programadores, emprendedores y demás bichos silvestres, Lucas detectó una posible necesidad en varios comentarios de diversos usuarios. Estos usuarios se quejaban de la cantidad de tiempo que perdían en montar un servidor con todo lo necesario para poder desarrollar una pequeña idea que querían probar o un proyecto por diversión en su tiempo libre, y como se les acababa quitando las ganas sólo por todos esos inconvenientes.

Lo interesante aquí no es tanto la necesidad que detectó Lucas sólo por estar mirando su día a día con otros ojos (como comentábamos en el capítulo "*Licencia para Crear: 4 Claves para Despertar Tu Creatividad dormida*"), que también, sino su forma de actuar al detectarla. Decidió ponerse en contacto con estos usuarios a través del foro, intercambiar opiniones y ahondar un poco más en el tema, y cuando tuvo una idea más precisa de cuál era el problema que sufrían estos desarrolladores, se puso manos a la obra para crear una página web como si el posible servicio para resolverlo estuviera ya operativo y funcionando.

Aunque claro, aún no había ningún servicio real detrás.

Sólo existía una fachada diseñada para resolver la pregunta "*¿Existe suficiente gente con esta necesidad?*", en otras palabras ¿funcionará? Cuando la gente iba a darse de alta en el servicio simplemente les aparecía una página diciendo "Lo sentimos, no estamos listos todavía. Pero déjanos tu correo y te avisaremos en cuánto lo estemos."

Tras publicar la página en ese mismo foro, en tan sólo 24 horas había 800 personas apuntadas. A las cuatro semanas la cifra ascendía a 4,000 personas, lo cual ya daba una idea bastante fiable de que existía una verdadera demanda ahí por satisfacer.

Pero yendo un paso más allá, Lucas decidió obtener toda la información posible de esas cuatro mil personas, para poder entender al detalle a su futuro cliente y poder ofrecerle una solución lo más adaptada posible. De esta forma, Lucas estaba obteniendo una información muy valiosa para realizar la fase de Optimización de la Idea y así asegurarse de darle a sus futuros clientes exactamente lo que iban buscando, sin perder su tiempo en cosas que realmente no querían (pero que a lo mejor él consideraba erróneamente necesarias).

Así que les pasó una encuesta a cambio de darles acceso al servicio lo más rápido posible. Una encuesta en contra de todas los principios de sentido común en lo referente a diseño de encuestas: era excesivamente larga, tanto que rellenarla entera te llevaría más de media hora, y repleta por completo de preguntas abiertas (sí, esas que te saltas por pereza cuando estás rellenando una encuesta).

Asombrosamente, de esas cuatro mil personas, dos mil completaron la encuesta de cabo a rabo. Esas dos mil personas eran las que verdaderamente estaban necesitando una solución en el nicho que Lucas quería centrarse, ya que se tomaron el tiempo y las molestias de pensar y contestar una larga y aburrida encuesta. Ahora Lucas ya tenía la información que buscaba.

Había conseguido responder a la pregunta del millón.

Tenía un estudio de mercado real directamente de sus futuros clientes, y no las tonterías ficticias que te recomiendan hacer cuando te decides a emprender y que se basan en conjeturas y suposiciones irreales con poco fundamento. Sabía qué rango de precios estaban sus futuros clientes dispuestos a pagar a cambio de qué funcionalidades. Sabía lo que tenía que desarrollar porque era imprescindible, aquello que no lo era tanto y podía esperar, y aquello que no se necesitaba. Tenía toda la información que necesitaba para llevar a cabo su idea, directamente de boca de aquellos que iban a acabar pagando por ella.

Y todo esto sin necesidad de pasarse tres meses (o cuatro, o seis...) desarrollando su proyecto en la más completa oscuridad y quizás caminando en la dirección incorrecta sin darse cuenta.

Lo más valioso a tener en cuenta de esta estrategia es que además de responder a la pregunta de si funcionará o no, estás también iniciando una relación temprana con algunos de los que van a ser tus futuros clientes. Una relación en la que esencialmente estás escuchándolos para saber qué necesitan y creando valor a partir de ahí.

A partir de construir esa relación temprana con tus futuros clientes, puedes y debes mantenerlos informados de tus progresos y seguir comentando y preguntándoles aspectos para los que necesites su ayuda, de forma que cuando tu proyecto esté listo, ellos estén deseando convertirse en tus primeros usuarios. Son estos mismos clientes los que se convertirán en tus mejores bazas a la hora de dar a conocer tu proyecto.

No se trata sólo de contestar la pregunta del millón. Se trata de empezar a crear relaciones con nuestro futuros clientes, usuarios o público, antes incluso de que nuestro proyecto sea una realidad. Piénsalo fríamente, porque todo lo que pueda salir de aquí es beneficioso para tu idea y tu futuro proyecto, y la única razón por la que la gente no suele aplicar esto es porque tiene miedo de comunicar abiertamente su idea, ya sea por miedo a que se la roben, miedo a no escuchar lo que esperan, miedo a equivocarse, etc. Pero como ya hemos visto, si no estás excesivamente apegado a tu idea y buscas *feedback* valioso, tienes mucho más por ganar que por perder.

Por cierto, si te estás preguntando cómo le fue a Lucas Carlson con AppFog y si le compensó todo el tiempo invertido en obtener información de sus posibles clientes, en hacer encuestas y en destilar toda esa información; te diré que en poco tiempo creció de ser un pequeño proyecto a una empresa que daba servicio a más de 100,000 desarrolladores, y que a principios de 2013 la empresa fue adquirida por la tercera teleco más grande de Estados Unidos.

Difícilmente le podía ir mal. Había hecho bien sus deberes antes incluso de teclear la primera línea de código.

¿CÓMO ENCONTRAR TU PÚBLICO POTENCIAL?

Si has pasado tiempo pensando en tu idea, en la necesidad que resuelve total o parcialmente, y en todo lo que venimos hablando en esta sección (cosa que espero), probablemente tengas alguna pista sobre cómo y dónde encontrar a la gente que tiene esa necesidad con la que vas a lidiar. Pero quizás no le hayas dedicado mucho más tiempo que unos meros pensamientos sueltos. En este capítulo nos aseguraremos de que en vez de eso, se trate de una labor realizada a conciencia y con consciencia.

Encontrar a tu público potencial antes ni siquiera de empezar a crear tu proyecto es una de las mejores estrategias que puedes seguir si quieres tener éxito montándotelo por Internet. Como hemos visto en el caso de estudio anterior, saber dónde "*habitan*" tus potenciales usuarios o clientes y saber cómo llegar hasta ellos, es imprescindible para contestar a la pregunta del millón. Así mismo, tener una respuesta fiable para saber si nuestra idea funcionará o no, es esencial para nuestra motivación, para no trabajar a ciegas y para estar seguros de que estamos realizando una buena inversión con nuestro tiempo y nuestra preciada Energía *Doer*.

Empezar a desarrollar relaciones con nuestro público potencial nos brinda también la posibilidad de obtener información en diferentes momentos de nuestro proyecto que nos pueden ahorrar quebraderos de cabeza, callejones sin salida y pérdidas de tiempo. Nos da la oportunidad de tomar mejores decisiones, más fundamentadas y de saber a ciencia cierta que vamos a acertar con ellas, y no sólo suponerlo o confiar en ello. Por ejemplo cuando sacamos la cuenta de pago en *VisualizeUs*, no fuimos a ciegas. Directamente contactamos con nuestros usuarios, les contamos que queríamos ofrecerles una cuenta de pago y les preguntamos qué funcionalidades les gustaría que tuviese, y también qué precio pagarían por esa cuenta. Hicimos diferentes encuestas refinando en base a la información que obtuvimos, hasta que nos hicimos una idea bastante clara de cómo se iba a ver la cuenta PLUS de *VisualizeUs* y fue entonces cuando empezamos a trabajar en ella.

Pero los beneficios no se reducen únicamente a obtener información fiable, sino que también tienen una segunda vertiente muy poderosa que es la de dar a conocer nuestra idea. Si desde el primer momento estamos involucrando a nuestro futuro público, dándonos a conocer y cohabitando con ellos en su comunidad, los podemos también hacer sentir partícipes en el desarrollo y gestación de nuestro proyecto. Tu participación y el valor que aportes en esa comunidad será directamente proporcional al buen acogimiento y al apoyo que le brinden a tu idea y proyecto.

Personalmente realicé este trabajo sin ser consciente de ello. No fue hasta tiempo después cuando analizando en retrospectiva me di cuenta de que gran parte del éxito temprano de *VisualizeUs* había venido por aplicar esta estrategia. Cuando tuve la idea de coleccionar imágenes por la red y compartirlas con el mundo, participaba activamente en Domestika.org, la comunidad creativa de diseñadores más grande en el mundo hispanohablante. Dio la "casualidad", entre comillas porque personalmente no creo en las casualidades, de que tiempo atrás había estado buscando desesperadamente una comunidad así como parte de mi auto-formación como diseñador gráfico, que a su vez respondía a la necesidad que sentía en ese momento de satisfacer mi vena creativa. Así que esa comunidad me había visto realizar mis primeros pinitos en el diseño, evolucionar, madurar y aportar mis conocimientos para ayudar a los demás.

Sin saberlo, había estado creando una relación con los que serían mis futuros usuarios, aportándoles valor e interactuando con ellos como uno más, y como bien dicen: se recoge lo que se siembra. Cuando presenté la idea de *VisualizeUs* en la comunidad, el acogimiento fue genial y obtuve muchísima información que definió y matizó mucho mi idea. Y cuando finalmente lancé el proyecto al público, ellos fueron los primeros en tener acceso y recibí un apoyo increíble por su parte que hoy día todavía agradezco.

Una de las cosas buenas de Internet es que hay un espacio para casi todos los grupos de personas que se quieran juntar, por raros que parezcan sus gustos, aficiones o puntos en común. No es extraño encontrar foros perdidos en las inmensidades de la red que aglutinan a aficionados a la permacultura, a coleccionistas de trenes antiguos o a melómanos de lo más diverso. Encontrar dónde habita tu potencial audiencia o clientela no es nada difícil hoy día y lo único que requiere es una mínima inversión de tiempo para ello. Estas son algunas ideas de sitios donde puedes buscar:

FOROS ESPECÍFICOS: Aunque con el auge de Facebook hayan quedado en un segundo plano, existen muchísimos foros específicos de los más diversos intereses que siguen funcionando en Internet, aglutinando desde orgullosos poseedores de una misma motocicleta, hasta colectivos como el de diseñadores o creativos, pasando por intereses tan diversos como piscinas (sí, existen foros para esto donde se habla sobre equipamientos, gente que se hace su propia piscina, etc) y demás temas. Casi cualquier temática en la que puedas pensar ten por seguro que tiene un foro más o menos activo en la red.

REDES SOCIALES ESPECÍFICAS: Otro sitio donde mirar son las redes sociales específicas, como por ejemplo Last.fm para música, que normalmente tienen opciones de foro entre sus usuarios. Tener un perfil activo en la red social donde habitan tus futuros usuarios es una opción ganadora. Desde redes sociales para escalada, trekking o deportes de aventura hasta clubs sociales virtuales de lectura, las opciones son bien variadas.

FOROS GENERALISTAS: Del mismo estilo que los específicos, pero estos foros engloban cualquier tema posible. Podemos bucear por entre las diferentes temáticas del foro y encontrar el subforo que agrupa mejor a nuestra potencial audiencia. La Wikipedia en inglés tiene un listado de los foros generalistas más grandes en diferentes idiomas[9].

GRUPOS EN FACEBOOK Y OTRAS REDES: El mundo de los grupos en Facebook es un universo online aparte que merece la pena ser investigado. Ha venido a ser como los foros específicos que comentábamos antes pero para toda aquellas personas que desconocen qué es un foro y cuya principal forma de usar Internet es a través de Facebook. Desde grupos de compra/venta de cierto tipo de objetos, hasta intereses varios, seguro que encuentras un grupo en Facebook que representa a tu posible público. Otra red social con mucha presencia de grupos que merece investigar es LinkedIn.

EL MUNDO REAL: En un libro sobre montártelo por Internet no nos podíamos dejar la opción del mundo offline. Desde asociaciones o colectivos, pasando por quedadas físicas de gente que comparte un mismo interés, el mundo real es otro lugar donde buscar nuestra futura comunidad. Puedes usar **Meetup.com** para buscar grupos de gente que quedan con un interés común y empezar a tirar del hilo por ahí. También existen en la red diferentes recopilaciones y listas de todas las asociaciones y grupos que existen.

Google será sin duda nuestro mejor aliado para buscar dónde se esconde nuestro futuro público. Cadenas de búsqueda con el interés que creamos que representa mejor a nuestro público más las palabras *"foro", "board", "forum", "comunidad" o "community"* nos darán la pista de inicio para empezar el rastreo.

---

[9] Lista de Foros en Internet (Wikipedia): en.wikipedia.org/wiki/List_of_Internet_forums

Una vez hayas encontrado la comunidad virtual o real donde tu potencial público reside, no te detengas ahí. Empieza a aportar valor, a darte a conocer, a participar y relacionarte como uno de ellos, antes incluso de ponerte a compartir tu idea o hablar de tu proyecto. Deberías tomarte esta labor con la misma dedicación que cualquiera de las otras estrategias de optimización de la idea que estamos viendo en esta sección.

POR QUÉ TENER UN NICHO SALVARÁ TU VIDA (Y LA DE TU PROYECTO)

Aunque pueda sonar un tanto macabro, no me estoy refiriendo a que te vayas buscando el lugar que albergará tus restos una vez que pases a la siguiente vida (sea cual sea). En vez de eso, nos será mucho más provechoso enfocar tu idea en un nicho en Internet.

– ¿Un qué?

– Un nicho.

Un nicho de mercado en la jerga online se define simplemente como *un grupo de personas que comparten una misma necesidad.* Hay mil y una definiciones dando vueltas por la red, de gente que se empeña en hacerlo más complicado de lo que es, pero realmente no es ni más ni menos que eso: un grupo de personas de entre todas las que comparten una misma necesidad.

Para ponerlo en contexto dentro de lo que sería un mercado, es decir, la gente que comparte una misma necesidad, un nicho sería un trozo concreto de ese mercado que cumple un cierto criterio o condición. Por ejemplo, un mercado bastante grande es el de personas con sobrepeso que quieren adelgazar. Su problema es el sobrepeso y la necesidad que comparten es encontrar una forma de perder peso. Un nicho dentro de ese mercado podría ser el de hombres menores de 30 años con esa necesidad. Otro nicho podría ser el de personas con sobrepeso, hombres y mujeres, que quieren adelgazar usando sólo métodos holísticos y naturales. Otro nicho podría ser la combinación de estos dos criterios.

Dependiendo de las condiciones con las que seleccionemos el nicho, éste será más o menos amplio, es decir, comprenderá a un mayor o menor número de personas. Lo interesante de esto es que puedes hacer un nicho lo más "estrecho" o concreto que quieras. Volviendo al ejemplo anterior, podríamos acotar el nicho de hombres menores de 30 años con sobrepeso que quieren adelgazar de forma holística, añadiéndole la condición de que sean de habla hispana. Incluso concretarlo aún más y añadirle la condición de que sean informáticos. De ahí que digamos que un nicho es un subconjunto o grupo de personas del conjunto total que comparten una misma necesidad.

Como ya hemos visto, uno de los pilares para garantizar que tu idea sea un éxito es que se centre en una necesidad. Es decir, que aporte valor a cierto conjunto de personas que tienen esa necesidad. Pero ahora tendrás que elegir qué nicho vas a cubrir dentro de ese amplio campo.

Para que nos entendamos, todo esto es como si quisieras hacer una pizza. Tienes una necesidad llamada "hambre" y decides satisfacerla preparando una pizza. Tu idea es como la masa que potencialmente se convertirá en una pizza, o no, dependiendo del proceso que sigas. Tendrás que asegurarte de prepararla bien para que quede rica y alimente, es decir, que satisfaga bien tu necesidad. Tendrás que añadirle sal si está sosa o harina si está húmeda, es decir, refinarla y optimizarla. Tendrás que dedicarle su tiempo para amasarla bien para que sea consistente y no se deshaga. Pero si no la estiras y le das forma de pizza, va a seguir siendo una bola de masa. Y ese proceso de darle forma, de decidir si va a ser circular, rectangular, si va a cubrir toda la bandeja o solo la mitad, es el proceso de aplicar tu idea a un nicho.

Supongamos que quieres crear una plataforma para dar visibilidad a artistas desconocidos. El mercado sería el de artistas desconocidos con la necesidad de darse a conocer. Tu idea se centraría en esa necesidad concreta, pero ahora tienes que elegir en qué nicho la quieres

OPTIMIZACIÓN DE LA IDEA

basar. ¿Quieres cubrir todos los artistas de diferentes disciplinas a nivel mundial? ¿Una cierta área geográfica? ¿Una cierta disciplina? ¿Artistas jóvenes recién graduados? ¿O personas mayores retiradas que se han dedicado al arte?

Tu idea variará sustancialmente dependiendo del nicho que quieras cubrir, aunque estés proveyendo en esencia una solución para la misma necesidad. No es lo mismo crear una plataforma para artistas visuales que para artistas sonoros. No es lo mismo crear una plataforma para un grupo de edad menor de 30 años, que para uno mayor de 65. La elección de un nicho va a refinar tu idea y determinar la forma que adquiere tu proyecto.

Mi propuesta es que te enfoques en nichos muy concretos y delimitados, tan pequeños que puedan parecer a priori poco sustanciales.

Quizás te preguntes porqué elegir un nicho pequeño si se supone que a cuanta más gente puedas ayudar con tu idea, es decir, cuanto mayor sea tu nicho, mejor: mayor cantidad de futuros clientes, mayor hipotética cantidad de ingresos y por tanto más posibilidades de tener éxito.

Todo eso es cierto, pero suena mejor en la teoría que en la práctica. La realidad es que para un proyecto con una única persona detrás, o dos o un pequeño equipo, abarcar un nicho muy grande puede ser como ponerte y apretarte tú mismo la soga al cuello. En un nicho grande llegar a tus usuarios te va a costar muchísimos más recursos, tanto en tiempo como en dinero. También vas a tener mucha más competencia de gente con muchos más recursos que tú. A una empresa grande o multinacional no le interesa un nicho pequeño. Tienen los recursos, la infraestructura y la gente para poder abarcar un nicho grande, y de hecho, es lo único que les compensa para poder costear toda esa infraestructura.

Pero tu caso es justo el opuesto, el del emprendedor *indie* (de independiente) que tiene los recursos contados, ninguna infraestructura y un equipo humano mínimo (quizás de sólo una persona, tú) que encima seguramente no tenga disponibilidad de tiempo completo para poder dedicarle. No te interesa abarcar un nicho grande porque te vas a ahogar intentando tragarte un caramelo de ese tamaño, por muy apetecible que parezca. Lo que te interesa son los nichos pequeños, casi minúsculos a priori, en los que no vas a tener una competición desmesurada y que además de ponerte las cosas más fáciles a la hora del marketing, de dar a conocer tu idea, de la publicidad, etc. por minúsculo que aparente, puede ser potencialmente muy rentable. Recuerda que estamos hablando que en Internet no hay fronteras, y por pequeño que parezca un nicho es bastante posible que haya suficiente gente en el mundo entero que haga ese nicho rentable.

Patrick McKenzie, de Kalzumeus.com, es un ejemplo de que en Internet *"pequeño y poco interesante en apariencia"* es totalmente compatible con *"lucrativo y rentable"*. En 2006 creó un programa para hacer tarjetas de bingo, destinado a profesores de primaria y padres, que por lo visto en Estados Unidos usan estas tarjetas de bingo para hacer juegos educativos con niños. No hizo un programa educativo para cualquier edad, ni abarcó más juegos o herramientas didácticas aparte del bingo, ni siquiera hizo un bingo electrónico con el que jugar online. Hizo un programa para hacer e imprimir tarjetas de bingo para padres y profesores de primaria. Dime tú que eso no te suena como un nicho pequeño y reducido.

Pues ese año ganó $10,000 vendiendo su programa. En dos años había duplicado la cifra. Y en cuatro ya había alcanzado los $60,000 brutos en ventas. Profesores de primaria, padres y tarjetas de bingo. Ahí queda eso. Como él mismo dice, el software menos ambicioso del mundo le cambió la vida.

Sé consciente de tus recursos y posibilidades, y escoge un nicho de dimensiones apropiadas. En caso de duda, mi consejo es que siempre te tires por el más pequeño. Cuando tengas controlado este nicho más pequeño, siempre tendrás tiempo de ampliar a uno más grande, disponiendo de mayores recursos y experiencia para ello.

Recuerda: quien mucho abarca, poco aprieta.

¿QUÉ HARÍA UN DOER?: 9 PAUTAS PARA MAXIMIZAR TU ÉXITO

Como ya sabemos, un *doer* está la mayor parte de su tiempo enfocado en manifestar resultados, asegurándose de moverse siempre hacia su meta.

Vamos a suponer que tienes una idea que te apasiona, pero que por encima de todo, quieres maximizar tus probabilidades de 1) acabar montándola y 2) acabar teniendo éxito con ella (lo cual por cierto es una estrategia muy inteligente).

¿Qué haría un *doer* en esta situación?

— Lo primero de todo, menos es más: un *doer* reduciría su idea a la mínima esencia, eliminando toda la paja o elementos adicionales que puedan ser incorporados en un futuro. Se aseguraría así que es una idea realizable en un periodo de tiempo asequible.

— Un *doer* evaluaría si la idea está dentro de sus posibilidades o potenciales posibilidades, y en qué medida se encuentra dentro o fuera. Cuanto más dentro de sus posibilidades esté su idea, más probabilidades de éxito sabe que tendrá para montarla.

— Si de forma realista, ve que la idea está por completo fuera de sus posibilidades, un *doer* reflexionaría si está dispuesto a pagar los precios de llevarla a cabo. Si no lo está, y aquí un *doer* sería completamente honesto consigo mismo, buscaría una versión de la idea que esté más a su alcance, sin que por ello se pierda la mayor parte de esa pasión que siente por ella.

- De la misma forma, un *doer* evaluaría si la idea se encuentra en un mercado que conoce o desconoce. Cuanto más conozca el terreno en el que se va a mover, sabe que más fácil lo va a tener. Si desconoce el posible mercado de su idea, puede que decida reenfocarla a uno que conozca mejor para maximizar sus probabilidades de éxito, o en su defecto buscará la forma de sentirse como en casa en ese ámbito.

- Un *doer* sería consciente de acotar el nicho de mercado al que su idea pretende añadir valor. Se aseguraría de que es un nicho abarcable con sus recursos actuales.

- Un *doer* se aseguraría de que su idea se centra en una necesidad real, no una que él cree que es real, sino una para el que tiene ejemplos de personas reales que la viven.

- Para ello un *doer* se tomaría el tiempo necesario en buscar dónde habitan sus potenciales clientes y en empezar a desarrollar una relación con ellos. Empezaría a sondear y recabar *feedback* sobre su idea, obtendría información muy valiosa para poder crear su web fachada en la próxima sección de Ejecución y empezaría a implicar a su futuro público en la gestación de su proyecto.

- Un *doer* también se aseguraría de ir pensando un modelo de negocio que se adecue a su idea y que genere ingresos desde el primer día que su proyecto esté funcionando.

- Por último un *doer* se descargaría de *www.VictorEspigares.com/montatelo-bonus* la plantilla paso a paso para aplicar el proceso de Optimización de la Idea a su idea y asegurarse de maximizar las probabilidades de materializarla con éxito.

IMAGEN

MUTANDO DEL PLANO ABSTRACTO AL REAL

A estas alturas nos hemos encargado de lidiar con uno de tus mayores adversarios en esta partida, tu tiempo, y sobre todo cómo crearlo y optimizarlo. Hemos visto cómo una idea en bruto en tu cabeza tiene que ser refinada y optimizada antes de empezar a meterle mano, para hacer que trabaje de nuestro lado y no en nuestra contra. Y también hemos estado viendo esa pieza fundamental que siempre debe acompañar a tu idea, un modelo de negocio.

Ya es hora de empezar a movernos del nebuloso plano abstracto de lo conceptual, donde todo es maravilloso, perfecto y lleno de detalles y colores; al plano de lo real, de lo tangible y de lo concreto. Llega el momento de empezar a darle forma a nuestra idea. Para ello lo primero que necesitamos es encontrar el envoltorio adecuado, es decir, darle una imagen. Pero cuidado, porque no nos sirve cualquiera.

Al igual que nuestra idea necesitaba un proceso de optimización y refinamiento, la imagen que la acompañe va a necesitar de cierto proceso, para asegurarnos que se ajusta a nuestra idea, que la favorece, que atrae a nuestro público potencial y toda una serie de factores verdaderamente cruciales que determinarán el sabor de boca que dejaremos en nuestros usuarios, clientes y público.

La imagen de tu proyecto es su carta de presentación, la "huella" que deja en un visitante o un usuario. Obviamente esa huella o impacto incluye factores como son el diseño, los colores, la tipografía o la estructura. Pero también contribuyen elementos quizás no tan aparentes como son la marca y el logotipo, e incluso otros invisibles para el ojo no entrenado, como es la experiencia de usuario, o lo que es lo mismo la percepción negativa o positiva que se lleva un usuario tras interactuar con nuestro proyecto (si alguna vez has acabado frustrado intentando realizar una transacción de cualquier índole online, ya sabes lo que es sufrir una mala experiencia de usuario).

Según varios estudios realizados[1], entre ellos uno del mismísimo Google[2], el tiempo promedio que un usuario necesita para formarse una opinión sobre una web son 50 milisegundos. Eso es la mitad de tiempo que necesitamos para formarnos una primera impresión sobre una persona. De hecho, según el estudio de Google algunas personas tan sólo necesitaron 17 milisegundos para hacerlo.

Vamos a añadir más datos interesantes al *cocktail*:

- Según este otro estudio realizado por investigadores británicos[3], el 94% de las primeras impresiones de un sitio web se basan en factores que tienen que ver con el diseño, como por ejemplo si la página es compleja, con estructura poco clara, difícil de navegar, con mal uso de colores, con *popups* molestos, texto muy pequeño, demasiado corporativa o difícil de buscar. Tan sólo el 6% restante se basaban en el contenido real de la página.

- Otro estudio de la Universidad de Stanford concluyó que la fiabilidad o confianza que el usuario le asigna a una página web se relaciona estrechamente con la primera impresión causada por el diseño, incluyendo en esta categoría cosas como tipografía,

---

[1] Gitte Lindgaarda, Gary Fernandesa, Cathy Dudeka & J. Browna, Attention web designers: You have 50 milliseconds to make a good first impression! (2011): www.tandfonline.com/doi/abs/10.1080/01449290500330448

[2] Alexandre N. Tuch, Eva Presslaber, Markus Stoecklin, Klaus Opwis, Javier Bargas-Avila, The role of visual complexity and prototypicality regarding first impression of websites: Working towards understanding aesthetic judgments (2012): research.google.com/pubs/pub38315.html

[3] Elizabeth Sillence, Pam Briggs, Lesley Fishwick, Peter Harris, Trust and mistrust of online health sites (2004): www.researchgate.net/publication/221516871_Trust_and_mistrust_of_online_health_sites

estructura, tamaño de letra y esquema de colores. Concluye así mismo que un diseño pobre o malo se asocia rápidamente con poca fiabilidad, desconfianza y rechazo por parte del visitante hacia la página[4].

- Tan sólo se necesitan 2.6 segundos para que los ojos de una persona aterricen en la zona de una página web que más va a influenciar su primera impresión[5]. Según este estudio las tres áreas de mayor atención para los participantes fueron el logo, el área principal de navegación de la página y la imagen principal de la página.

Como ves, la importancia de la imagen de tu proyecto es crucial. Va a ser lo que va a determinar si un visitante dura en tu página más de 50 milisegundos o no. Si causas una buena impresión y decide quedarse un poco más, quizás tengas una oportunidad para sorprenderlo con tu buen contenido, tus productos o tu innovador servicio. Si no es así, da igual que tengas el contenido más original de la *blogsfera*, los mejores precios del mercado, o el servicio más revolucionario capaz de solucionar uno de los mayores problemas que sufre la humanidad; porque ese visitante ya habrá cerrado tu página y estará abriendo la siguiente.

Si quieres que todo el tiempo que inviertas en tu idea tenga un buen final, y quiero creer que sí, es hora de tomarse en serio la imagen de tu proyecto.

---

[4] Fogg, B.J., Cathy Soohoo, David Danielson, Leslie Marable, Julianne Stanford and Ellen R. Tauber, How do People Evaluate a Website's Credibility? Results from a Large Study (2002): htlab.psy.unipd.it/uploads/Pdf/lectures/captology/p1-fogg.pdf

[5] Eye-tracking studies: first impressions form quickly on the web: news.mst.edu/2012/02/eye-tracking_studies_show_firs/

ENCUENTRA TU NOMBRE

El nombre de tu proyecto es mucho más importante de lo que puede parecer en primera instancia. Por una parte es lo que va a determinar gran parte de tu marca. Por otra parte es algo que te va a acompañar allá donde vayas y además va a ser una de las primeras cartas de presentación de tu proyecto.

Tienes que encontrar un nombre que a poder ser cumpla lo siguiente:

- Esté relacionado de alguna forma con tu idea.
- Sea un nombre fácil de recordar, pegadizo, que se quede con facilidad y que suene bien.
- Sea simple, fácil de pronunciar, especialmente si es en inglés o en otra lengua distinta del mercado al que va dirigido.
- Disponga de un dominio sencillo, a poder ser un punto com sin guiones, ni caracteres extraños (números, eñes, guiones bajos, puntos...).
- Sea amplio, que de juego para el futuro.
- Y por supuesto... ¡te encante!

Esas seis pautas serían lo recomendable, pero como siempre, muchas veces hay que retorcer un poco las cosas para que todo cuadre. Encontrar hoy día un dominio libre con el nombre ideal que tienes en mente es cada vez más complicado. Vas a tener que aplicar toda tu creatividad hasta que encuentres el nombre que te gusta con el dominio adecuado. No te preocupes, al final del capítulo tendrás acceso a un recurso que te ayudará a elegir tu mejor nombre.

Coge una hoja en blanco y empieza a escribir nombres que te gustan, mientras vas comprobando los dominios o variantes que están disponibles para ese nombre. Usa Domai.nr para buscar por su rapidez y porque te ofrece sugerencias al dominio que buscas con variantes (y cuando lo hayas decidido usa NameCheap.com para registrarlo, que es hoy por hoy el servicio más barato que hay para hacerlo). Como regla general, evita aquellos dominios que ya están registrados y se revenden a un precio más alto. Puedes invertir mejor ese dinero en otras fases de tu proyecto y solventar esto con creatividad. No serías el primero que se gasta una buena cantidad comprando el "dominio perfecto" para que finalmente sólo acabe acumulando polvo.

Comparte con otras personas los nombres que van resultando candidatos de la criba inicial, y estudia su reacción. Pregúntales qué idea o sensación les causa escuchar el nombre, y de qué piensan que va tu proyecto disponiendo tan sólo de esa información. Usa este *feedback* para afinar en tu proceso de *brainstorming* y repite de nuevo los sondeos.

Inspírate con todo lo que puedas y más: nombres de otros proyectos en Internet, palabras en otros idiomas, buscadores de sinónimos en otras lenguas o palabras derivadas o inventadas (como Wordoid.com). En Internet verás que hay tres clases de nombres. Hay nombres largos más tipo frase, como por ejemplo *"Flores Frescas"* o *"Gracias Por Ser Tú"*, nombres cortos con buena sonoridad pero poco significado como *"Watsi"* o *"Bitly"*. Y nombres medianos con buena sonoridad y buen significado como *"SkillShare"* que significa en inglés "compartir habilidades" y es un marketplace para que la gente ofrezca su conocimiento en formato cursos, o *"WordReference"* que significa en inglés "palabras de referencia" y es un diccionario traductor de muchos idiomas.

A cada tipo de proyecto le pega más un nombre u otro: a los servicios un nombre corto y pegadizo, como por ejemplo *"Folyo"* un servicio para encontrar diseñadores freelance de calidad; o uno que de más datos de qué trata el servicio, como *"Tutorspree"*, un servicio de profesores particulares a distancia; o también una palabra relacionada con el servicio pero con una terminación diferente, como *"Writely"*, el que fuera el procesador de textos online que Google compró y convirtió en Google Docs.

Para los blogs se suele usar un nombre un poco más largo que indique de qué se trata, como hace por ejemplo *"Nuevos Emprendedores"* o *"Fitness Revolucionario"*. Si es un proyecto muy relacionado contigo como persona, como por ejemplo enseñar a la gente aquello en lo que eres bueno, a lo mejor decides incluir tu nombre para hacerlo aún más personal, como por ejemplo *"Cocina con Marta"*.

Si tienes en mente que tu proyecto sea internacional o bien no lo tienes claro aún, encuentra un nombre que funcione independientemente del idioma o en su defecto, en inglés. Si tienes clarísimo que tu proyecto va a estar sólo enfocado en un área, por ejemplo España o el mercado hispanohablante, puedes centrarte en un nombre que sea en español. Y a menos que tu proyecto sea hiperlocal, es decir, enfocado en una zona muy muy concreta, por ejemplo una guía de ocio de tu ciudad, ni se te ocurra incluir el nombre de una ciudad como parte del nombre de tu proyecto. Creo que no hay mejor forma de cortarte las alas antes de empezar. De hecho, incluso si tu proyecto es hiperlocal ¿por qué ceñirte a una única ciudad? Ya que lo desarrollas, te sirve para cualquier ciudad. Hazlo hiperlocal, pero genérico.

En general yo prefiero nombres que te den juego a largo plazo, a aquellos que potencialmente te pueden restringir en un momento dado. Si eliges un nombre en español y el día de mañana decides hacer tu proyecto internacional, vas a tener que buscar otro nombre. No es el fin del mundo, pero un *rebranding* puede consumir mucho tiempo y energía, y si lo puedes evitar, pues mejor que mejor. Y recuerda, una de las ventajas de montártelo *online* es que tu audiencia es el mundo. A menos que tengas buenas razones por el tipo de idea o proyecto que tengas en mente, siempre inclínate por hacer tu proyecto internacional desde la raíz, y eso por supuesto incluye el nombre.

Dedícale tiempo a encontrar el nombre ideal, sin prisas, y dejándole espacio a tu creatividad (revisa el capítulo "*Licencia para Crear: 4 Claves para Despertar Tu Creatividad dormida*" si necesitas ayuda aquí). Ve haciendo una lista con aquellos nombres que te encantan y que cumplen los 6 criterios que mencionaba al principio. Puedes usar el recurso que he preparado en *www.VictorEspigares.com/montatelo-bonus* para evaluar tu lista de nombres y elegir tu nombre final.

Piensa que puedes realizar esta tarea en paralelo con las siguientes de concepción de tu proyecto; por ejemplo a la vez que sigues buscando el nombre ideal, empezar a pensar en cómo va a ser visualmente tu proyecto, etc. En el siguiente capítulo hablaremos precisamente de esto.

EL ENVOLTORIO LO ES TODO: LA IDENTIDAD

Como parte de la imagen de tu proyecto la identidad visual es la que lleva de la mano al nombre. La identidad visual de tu proyecto vendrá determinada en gran medida por el logotipo que represente al nombre que hayas elegido, junto con el diseño.

Así pues lo siguiente que necesita tu proyecto una vez que tengas un buen nombre, es un buen logotipo que lo acompañe. Y cuando decimos "logotipo" o "logo" a secas, nos estamos refiriendo a gran cantidad de formas de representar una marca para las que los diseñadores, verdaderos expertos del tema, tienen diferentes categorías. Aunque no nos interese aprendernos los nombres y vayamos a seguir usando la palabra "logo" para referirnos a todos ellas, sí que es interesante comentar estas categorías para apreciar las diferentes opciones que tenemos a nuestra disposición:

- Lo que se suele llamar como *logotipo*, estrictamente hablando es la representación gráfica del nombre de una marca, generalmente basado en una tipografía (fuente de letra) con algún detalle en él. Ejemplos de logotipo puros son el logo de Microsoft, de Google o de Coca-Cola, formados únicamente por letras y el nombre de la marca.

- Luego existe lo que se denomina *isotipo*, que no es más que la representación icónica y visual de la marca. No lleva tipografía ni letras, y es generalmente fácil de identificar y recordar. Como ejemplos de logos basados en *isotipo* tenemos por ejemplo el de Nike (su famosa flecha), Firefox (el zorrillo enroscado alrededor del mundo) o Apple (la famosa manzana).

- Si los dos elementos anteriores están presentes en la identidad se denomina *imagotipo*. Normalmente el isotipo se pone encima del logotipo o a la izquierda de este. Ejemplos de esta categoría son por ejemplo el logo de Lacoste (el cocodrilo encima del nombre de la marca), el de Audi (los cuatro círculos entrelazados encima del nombre) o el de LG (el circulo con la carita sonriente formada por una "L" y una "G" a la derecha del nombre).

- Si los dos elementos están combinados y mezclados, se denomina *isologo*, y es parecido a la opción anterior, pero ambos elementos están integrados juntos en un mismo cuerpo y no por separado. Ejemplos de isologo son el logo de Burger King (la hamburguesa cuyo interior es el nombre de la marca), de Starbucks (la sirena rodeada por el nombre) o de Ford (el nombre en el interior de un óvalo azul).

Dependiendo de tu proyecto quizás visualices tu logo más en una categoría o en otra. Es importante destacar que a pesar de lo que mucha gente cree, para *"tener un logo"* no hace falta tener a la fuerza una representación icónica (Google no la tiene en su logo). Para muchos proyectos con un simple logotipo, es decir, el nombre del proyecto escrito usando la tipografía y los colores correctos, es más que suficiente. Depende mucho del tipo de proyecto que tengas entre manos pero no tiendas a complicarlo de más cayendo en la trampa de *"sin dibujito no tienes logo"*.

Algunos consejos:

- Limítate a una única tipografía. No uses más de dos o tres colores principales. No uses muchos detalles o filigranas, tu logo debe verse bien en pequeños tamaños sin perder su esencia.

Evita sobrecargarlo demasiado con efectos (sombras, relieves, efectos 3d...), busca que sea simple y efectivo. Juega con la tipografía, muchas veces da resultados geniales, sin necesidad de *isotipos* (la imagen que lo acompañe). Lo ideal es que tu logo funcione tanto en fondos oscuros como claros, aunque puedes tener una variante para cada escenario. No caigas en la trampa de usar isotipos complicados, como dibujos a mano o imágenes reducidas, si tu logo necesita un icono que le complemente, intenta que sea sencillo y siempre en forma vectorial[6].

- Educa tu ojo a identificar estos consejos y los diferentes tipos de logo que hemos clasificado con páginas como Logopond.com o Logospire.com.

- Es conveniente, aunque no imprescindible, que los colores que uses en el logo los desarrolles luego en el diseño web para crear consistencia visual. Un buen ejemplo de esto es la página de Skillshare.com que integra perfectamente el diseño con los colores y con el propio logo, creando una sensación de consistencia visual muy buena para el visitante.

- Es importante que la identidad visual de tu proyecto le hable al público al que te quieras dirigir, y es importante que tengas eso en mente a la hora de crearla (o encargarla). No vas a enfocar igual la identidad de tu proyecto si está dirigido a pequeñas o medianas empresas que si lo hace a usuarios de a pie. Mucha gente no es consciente que el diseño y la identidad de un proyecto atrae (o no atrae) psicológicamente a ciertos grupos de personas, y sólo valora que "quede bien", pero en realidad es mucho más que una cuestión estética. Lo ideal para esto es que hagas pruebas y tests con tu público potencial, a menor o mayor escala, y veas si les encanta, si les deja indiferentes o si no les atrae para usarlo.

---

[6] Gráficamente hablando el diseño vectorial tiene la principal ventaja de que puede aumentarse de tamaño todo lo que se quiera sin perder calidad. Consiste en la creación de patrones a base de figuras geométricas y de lineas.

- No escatimes en calidad en lo concerniente a la imagen de tu proyecto. Aunque personalmente no distingas el rojo del magenta, hay muchas opciones a tu alcance para que tu proyecto tenga una identidad profesional y en excelencia, como veremos a continuación.

EL ENVOLTORIO LO ES TODO (II): EL DISEÑO

¿De qué sirve una identidad y un logo genial si no está acompañado de un diseño a la altura? Todo tiene que ir en concordancia, partiendo por supuesto de la calidad de tu producto o servicio, pero sin olvidarnos de la calidad de la identidad que lo acompaña y la calidad del diseño, en nuestro caso web, que lo envuelve.

Esta lección se la sabe muy bien Apple, que no sólo vende buen hardware en forma de portátiles, móviles y reproductores de música, sino que los "envuelve" y vende aún mejor. Si te fijas en el diseño de los productos de Apple, verás que no sólo es el producto el que tiene un diseño cuidado, sino que también la caja, los accesorios, las instrucciones, el software, la interfaz de usuario... todo ha sido mimado hasta el detalle. Si hay una compañía que entiende la importancia del diseño en sus productos, esa es Apple. Todo suma a la hora de crear una gran experiencia en sus clientes.

Google en sus comienzos triunfó al eliminar todo el ruido adicional en su diseño y centrarse únicamente en su verdadera función: la búsqueda. La página de inicio de sus competidores eran verdaderos portales que incluían noticias, información del tiempo, pasatiempos... y arriba una pequeña caja de búsqueda, poco más o menos como Yahoo sigue haciendo hoy día. Pero ellos tan sólo dejaron una gran caja de búsqueda en el centro y eliminaron todo lo accesorio. El mensaje estaba claro: *"Esto es lo que hacemos: buscar. Teclea y nosotros buscamos."*

Y es que un buen diseño no es aquel que tiene muchos colores, que es muy llamativo o que sigue las tendencias actuales. Un buen diseño es aquel que cumple su función sin llamar la atención. El mejor diseño es el que no se ve, porque no hace falta.

Hoy día en Google siguen manteniendo esta filosofía sobre el diseño. Como Marissa Mayer, antigua responsable de diseño y experiencia de uso en el buscador, dijo en una entrevista: "Google tiene la funcionalidad de una navaja suiza muy complicada, pero en nuestra página principal elegimos mostrarla cerrada, porque es simple y elegante. Muchos de nuestros competidores, en cambio, parecen navajas suizas abiertas. Y eso puede parecer intimidante o dañino.".

¿Pero cómo distinguimos nosotros un buen diseño de uno mediocre para nuestra idea?

Esto del diseño se nos puede antojar magnificado en nuestras mentes, especialmente si no somos muy hábiles visualmente (como nuestra pareja se encarga de recordarnos). Pero vayamos por pasos. Antes de pensar en recurrir a recursos externos o a ayuda profesional (todo llegará), necesitamos "educarnos" sobre qué hace que un buen diseño sea bueno y uno mediocre, mediocre.

Estas son algunas claves que determinarán que un diseño sea armonioso y profesional:

LA PROPORCIÓN ENTRE EL ESPACIO OCUPADO Y EL ESPACIO VACÍO: El espacio en blanco es probablemente el elemento menos conocido por aquellos no familiarizados con el diseño. Realmente es un elemento más del diseño gráfico al igual que la imagen, el texto y los colores. Saber combinar todos estos elementos, incluido los espacios en blanco hará que cualquier diseño mejore. Se dice que un diseño "respira" cuando tiene suficiente espacio en blanco para que el contenido no parezca ruido visual, es decir que existe una proporción entre espacio vacío y espacio ocupado. No sirve de nada llenarlo todo de elementos si estamos perdiendo la armonía o creando una sensación de agobio o de desorientación en el visitante. El espacio en blanco nos ayuda a focalizar la atención del visitante, mejorar su compresión del contenido y nos sirve para guiarlo a través de la página.

LOS GRIDS O RETÍCULAS: Las retículas son una de las herramientas más usadas en diseño, no sólo web sino en el diseño tradicional en papel. Si coges un periódico y obviando el contenido, te fijas en *lo que no* se ve, es decir en cómo se maqueta ese contenido, estarás viendo la retícula. Los *grids* o retículas nos sirven para estructurar tus diseños y hacerlos visualmente consistentes. Dentro de la retícula encontramos factores como son la distribución en columnas del contenido, el espacio entre ellas, el sangrado con el margen, cómo se separan las imágenes del texto, el cuerpo de letra, titulares, pie de página, etc.

UNA BUENA JERARQUÍA VISUAL: Un buen diseño acompaña a la historia que queramos narrar con nuestra página. Establecer una clara jerarquía visual para que el ojo tenga un camino que seguir, es el secreto para que nuestros visitantes no se vean perdidos y acaben abandonando nuestra página. El llamado *layout*, o distribución de la página, es la herramienta que nos va a ayudar a organizar y resaltar contenido, creando esa historia para el visitante. En esencia la historia a narrar con tu página debe explicar de qué va la página para que el visitante lo capte rápidamente (responder la pregunta "*¿Qué es?*") y brindarle la opción de tomar acción sobre algo, sea suscribirse, sea comprar, o sea descargar algo. También es importante que la página responda a las preguntas "*¿Cómo?*", "*¿Quién?*" y "*¿Por qué?*".

Si tienes claros estos objetivos y los resuelves bien con tu página y diseño, tienes un gran camino hecho.

EL ESQUEMA DE COLORES Y LA TIPOGRAFÍA: Ya hemos mencionado la tipografía anteriormente, entendiendo como ésta la fuente de letra, el tamaño y los estilos. Una fuente legible y clara, con el tamaño adecuado, para el cuerpo del texto de una página es imprescindible para facilitar la lectura y no frustrar al visitante. Así mismo, es importante que la tipografía usada para títulos o titulares encaje con el diseño y lo favorezca. El esquema de colores es otra clave para un buen diseño, ya que diferentes colores y combinaciones evocan diferentes emociones en el visitante. Una buena combinación de colores de fondo y colores para resaltar elementos como botones, así como un buen uso de los colores del logo para crear consistencia visual distinguen a un buen diseño de uno no tan bueno.

Es recomendable que pases algo de tiempo visitando buenos diseños en Internet, y entrenando tu ojo para reconocer estas claves que hemos identificado. Entrenar el ojo al buen diseño es uno de los secretos para que tus ideas acaben teniendo buenos diseños. Una vez que empieces a ver con tus propios ojos qué hace que un buen diseño se sienta bien, no podrás volver atrás con un mal diseño. Empezarás a apreciar las cosas bien diseñadas, el espacio en blanco y las buenas composiciones no sólo en la web, sino en tu día a día (y tu pareja te lo agradecerá). Algunos recursos donde exponer tu ojo a buen diseño web son Styleboost.com, Siteinspire.com o el español CSSMania.com.

Recuerda: los usuarios prefieren diseños simples con poca complejidad y familiares. Y no sólo lo digo yo, lo dicen las investigaciones y estudios llevados a cabo por Google[7]. Esto quiere decir que es mejor no querer reinventar la rueda y romper patrones de diseño ya establecidos en el proceso. Por ejemplo, la gente ya tiene en su cabeza una idea de *cómo se ve* una tienda electrónica o de qué ocurre cuando haces click en el logo que suele estar arriba a la izquierda[8]. Si buscas salirte de esas convenciones, llamándolo malamente *"innovar"*, te vas a encontrar con problemas más adelante, como veremos en el capítulo *"Deja un buen sabor de boca"*.

---

[7] Users love simple and familiar designs – Why websites need to make a great first impression: googleresearch.blogspot.com.es/2012/08/users-love-simple-and-familiar-designs.html

[8] Pista por si nunca te has dado cuenta: te lleva a la página de inicio

RECURSOS Y PROFESIONALES AL RESCATE

Si no eres ducho con las artes gráficas, no dejes que eso te detenga ni te sientas intimidado por ello. Es posible que a veces, dependiendo de cuál sea tu punto de partida en la aventura de montártelo por Internet, escuches esa voz en tu cabeza que te dice "*pero es que yo no sé hacer eso*".

El truco reside en escuchar esa voz y no ignorarla, porque hasta que no la escuches seguirá ahí. Pero después de haberla escuchado, debes saber retomar tu Energía *Doer* y seguir hacia delante. A esa voz puedes contestarle "*Ok, puede que sea verdad, pero puedo aprender y siempre hay soluciones para todo*", y como veremos en este caso, esas soluciones no son difíciles de encontrar.

El primer paso siempre es educarnos, en este caso visualmente, que es lo que hemos venido haciendo. Aprendiendo qué importa en un buen diseño, qué tipos de logos existen y exponiendo nuestros ojos a inspiración visual buscando identificar todo esto. Una vez que empecemos a distinguir entre el blanco normal y el blanco roto en el fondo de una web, podemos comenzar a pensar en buscar ayuda externa.

La explicación es sencilla: sabremos mucho mejor qué buscamos y cómo lo queremos, así que perderemos menos tiempo en la búsqueda de los recursos o los profesionales que nos puedan ayudar a conseguirlo. Si no tenemos esa "educación básica", no sabremos articular bien qué necesitamos y perderemos mucho más tiempo (y dinero) hasta que demos con lo que queremos. Este problema lo sufren los profesionales del diseño todos los días: "*No, hazme el logo más grande*", "*Lo quiero igual que esta otra página, que no se qué tiene, pero me gusta*", etc. y lo que ocurre (aparte de ponerle la cabeza como un bombo al diseñador) es que el cliente acaba pagando más de la cuenta por no tener claro que quiere.

La buena noticia es que, teniendo un mínimo de educación visual, en Internet tienes todos los recursos necesarios a tu alcance para conseguir tu objetivo de tener un diseño en excelencia para tu idea. Tanto si te manejas con el Photoshop, como si no y tampoco te interesa aprender. Desde recursos gratuitos de gran calidad hasta de pago muy asequibles, pasando por profesionales dispuestos a adaptar lo que sea necesario o a crear de cero lo que vayas buscando.

Empecemos por los recursos: el rey indiscutible en lo que a recursos de diseño se refiere es el *theme*.

Los *themes* (temas o plantillas), son diseños ya *prefabricados* para cierto tipo de usos concretos, como por ejemplo tiendas online, apps, blogs, vídeoblogs, páginas de portafolio, servicios, etc. Hay de todas las calidades posibles y de todos los gustos y colores. Aunque el etiquetarlos como "diseño prefabricado" nos puede crear un concepto erróneo visualmente hablando, no nos confundamos. Hay *themes* diseñados con tal calidad y maestría que verdaderamente pagar $40 por ellos se antoja un sacrilegio para el ojo entendido.

Existen *themes* para las plataformas de creación de contenido más importantes, como Wordpress, Drupal, etc. También existen *themes* para ser usados en proyectos que no usen un gestor de contenido o estén desarrollados a mano. Los *themes* normalmente están diseñados con un escenario de uso concreto en mente. Por ejemplo, hay plantillas diseñadas para vender una aplicación de móvil, plantillas diseñadas para ser usados en un blog, plantillas diseñadas para ser usados como páginas de empresa, plantillas diseñadas para fotógrafos, etc.

Existen *themes* que han evolucionado dando un paso más allá, e incorporan editores visuales para crear el *layout* o distribución de tu página a través de sencillamente arrastrar elementos, y que también te permiten cambiar el esquema de colores, la distribución y otra serie de parámetros básicos a base de sencillos clicks, con la consiguiente libertad que eso te brinda, ya que no tienes que ceñirte a un diseño fijo. Es lo que yo llamo *power themes* o temas con superpoderes.

Uno de los mejores *power themes* de Wordpress es Divi Theme de la empresa Elegant Themes. Es el tema que yo uso en mi página y que también he usado en muchos otros proyectos. Si tienes que elegir un *theme* y te marea la gran cantidad de opciones que hay, o no tienes claro si el día de mañana vas a necesitar algo diferente, o simplemente no quieres ceñirte a un diseño fijo, Divi es tu mejor opción y no es nada caro para lo que ofrece (por unos $60 tienes acceso a todos los temas de Elegant, además de sus plugins que son muy útiles).

Un escenario avanzado de esto es el caso de los servicios web, que tienen una cara "pública" o de venta para la que un *theme* convencional puede ir bien, pero también una cara "interna" o de uso, que es lo que verán los usuarios registrados y para la que un *theme* no nos sirve.

Para esta parte interna se suele usar un *framework* o librería de diseño. Podríamos decir que si el *theme* es la "piel", el framework es el esqueleto que habría debajo. Usar un *framework* nos brinda una buena base de partida para no empezar el diseño desde cero, como por ejemplo nos brindaría diseño de botones ya hechos, de tablas, de cuadros de diálogo, en general elementos de interfaz listo para usar. Pero hace necesario que un diseñador web o programador construya un diseño usando esos elementos para el escenario específico que tengamos entre manos. Por poner un ejemplo, muchos servicios web de lo más variopinto usan el *framework* de diseño Bootstrap (descargable gratis en GetBootstrap.com) creado y liberado por Twitter como software libre, porque les brinda unos cimientos de diseño sólidos y comprobados, con elementos pre-diseñados para los usos más comunes como botones, ventanas, mensajes, iconos… pero a la vez lo suficientemente genérico para ser fácilmente adaptable a cualquier escenario.

Como digo, esto es un escenario avanzado y en el 90% de los proyectos una instalación de Wordpress más un buen *theme* y sus correspondientes plugin extendiendo las posibilidades de Wordpress, es más que suficiente.

Un buen sitio para empezar a ojear *themes* es Themeforest.com donde podrás encontrar miles de *themes* categorizados por software, uso y funcionalidades. Otra empresa especializada en *themes* para Wordpress es WooThemes.com creadores de WooCommerce para transformar gratis tu Wordpress en una tienda online.

Usar un *theme* puede ahorrarte mucho tiempo a la hora de conseguir un diseño profesional y que encaje con tu proyecto, pero no dejes que un theme te *embauque* por las geniales fotografías que usa y su estupendo acabado (por lo general, esas fotografías suelen ser usadas como demostración y no se incluyen cuando lo compras). Un *theme* debe ser siempre el punto de partida con el que trabajar, pero no el punto de destino. Es importante destacar que aunque uses un *theme* eso no significa que simplemente lo compres o lo descargues si es gratuito, y ya esté todo hecho. Habrá que invertir un poco de tiempo, o un poco de dinero, en conseguir una integración buena entre el theme que has elegido y tu idea, desde tu identidad hasta tu contenido. Es importante que tu proyecto no "huela" demasiado a plantilla, recuerda que vamos buscando una imagen profesional, no *amateur*.

En cuanto a la identidad de tu proyecto, existen también diferentes opciones a tu alcance para conseguir una calidad profesional. Si tienes ya una idea en mente y no se te da excesivamente mal dibujar, puedes hacer un boceto en papel de lo que vas buscando y pasárselo a partir de ahí a un profesional que realice el trabajo en serio. Si no tienes una idea tan clara o dibujar no es una opción, una vez más Internet está lleno de recursos para ti. El servicio 99Designs.com en español, pone a tu disposición una comunidad de más de 300,000 diseñadores de todas partes del mundo. Tú cuelgas tu trabajo en el servicio especificando lo que vas buscando para tu logo tan completo o incompleto como esté en tu mente, y según el rango de precio que estés dispuesto a pagar recibirás un mayor o menor número de propuestas (el más barato, 229€, te da acceso a unos 30 diseñadores). Y lo mejor es que no sólo sirve para logotipos. En 99Designs hay categorías para diseños de web, de ropa, de libros, ilustración y hasta packaging. Tienen también una tienda de logos ya hechos (algunos con nombre incluidos) disponibles a precios más asequibles (a partir de $99). Una alternativa a 99Designs es Designcrowd.com, en inglés y de funcionamiento similar. Otra opción para comprar un logo ya hecho con su correspondiente marca es Brandcrowd.com con precios que se mueven en el rango de los 200 dólares.

Si a pesar de todos estos recursos maravillosos, sigues pensando en lo negado que eres para el diseño y en lo bien que te vendría que te echaran una mano, no te preocupes, porque para eso también tenemos recursos disponibles. En la sección de "*Ejecución*" hablaremos en profundidad sobre todo lo que necesitas para usar la herramienta del *outsourcing*, es decir, el poder encargarle trabajos a gente a través de Internet. Pero para ir abriendo boca y familiarizándonos con *outsourcear* puedes usar sitios como Fiverr.com donde por unos módicos $5 la gente oferta toda serie de trabajos, y en el que podrás encontrar a alguien que diseñe un logo para tu proyecto o te adapte de forma básica un *theme*, aunque eso si, a ese precio no esperes una calidad apabullante.

Otras opciones son recurrir a portales de *outsourcing* como Upwork (antiguamente oDesk) o Freelancer, en los que dependiendo de la calidad del diseñador que busquemos podemos conseguir un buen logo a un precio razonable. Si queremos algo de más nivel podemos contratar a un diseñador a través de Folyo.me, un servicio que aglutina a diseñadores escogidos por su calidad, o buscar a alguien a través de comunidades de diseñadores como Dribbble.com o la hispanohablante Domestika.org, aunque aquí la tarifa (al igual que la calidad) ya sube. Si quieres un enfoque más local, seguro que en tu ciudad hay buenas agencias de diseño donde mirar. Un buen punto de partida son las asociaciones de diseñadores de tu país, por ejemplo éstas[9] en España.

---

[9] Asociaciones de diseñadores en España: disseny.ivace.es/es/enlaces/2-asociaciones-de-disenadores-en-espana.html

DEJA UN BUEN SABOR DE BOCA

Cuando una persona use tu proyecto, ya sea leer lo que escribes en tu blog, usar tu servicio, comprar un producto de los que vendes o ver un vídeo que has grabado; esa persona estará teniendo una experiencia, lo que llamamos "experiencia de uso". Al igual que tú cuando usas otro proyecto, o buscas algo en Google, o decides comprar una canción en iTunes, o encargas un libro en Amazon.

Esa experiencia puede ser positiva o negativa, y muchos factores influyen en ella. Desde la identidad de tu proyecto, la imagen que confiere al usarlo; la usabilidad, lo fácil o difícil que sea realizar la tarea que el usuario tiene en mente; el diseño y disposición de los elementos, lo fácil o difícil que sea encontrar intuitivamente algo; hasta otros factores como por ejemplo la velocidad de carga de la página.

Seguro que has sufrido en tus propias carnes la mala sensación que se te queda cuando quieres comprar algo en una página que parece que no te quiere dejar hacerlo. Si has intentado alguna vez sacar un billete en la página web de Renfe sabrás a lo que me refiero. La experiencia de uso de su servicio es malísima, fallos constantes en la selección de billetes o los errores a la hora de pagar son el pan de cada día. Hasta el punto en que se han creado recogidas de firmas para que el Ministerio de Fomento la mejore y han surgido servicios alternativos para sacar billetes de tren sin tener que pasar por la fatídica web oficial. Casi parece que te están poniendo impedimentos, o trampas, para que falles en tu propósito de darles tu dinero.

La mayoría de la gente cuando ocurre ese tipo de situaciones tiende a pensar que el fallo está en ellos, que no están haciendo algo bien, que su ordenador no funciona bien, etc. Pero eso es un modelo de pensamiento erróneo. Son la máquina y el software los que deben adaptarse al ser humano y no al revés. Si el humano falla en su tarea es porque el software no está bien diseñado en primer lugar.

Haz la prueba. Cada vez que navegues por la red o que uses las aplicaciones de tu *tablet* o *smartphone*, hazte consciente de tu experiencia de uso, en que páginas o apps te sientes cómodo y en cuáles no. Cuáles te facilitan hacer la tarea que quieres realizar y en cuales tienes la sensación de estar luchando para conseguirla. Fíjate en los detalles, esas cosas invisibles que apenas se notan, pero marcan una gran diferencia. Un buen ejemplo son los valores predefinidos que te ayudan a no tener que rellenar todos los campos de un formulario.

La gente de Skyscanner.es, un buscador de vuelos que aglutina muchas compañías, tienen esta lección bien aprendida. Si buscas un vuelo desde un aeropuerto de origen, la próxima búsqueda recordará qué aeropuerto de origen pusiste. O si por ejemplo estás buscando vuelos para quedarte un mes en un lugar y cambias la fecha de ida, la fecha de vuelta se ajustará sola, respetando ese plazo de un mes. Son pequeños detalles que hacen grande la experiencia de buscar un vuelo con ellos.

Algunas cosas que causan una gran experiencia de uso en tus usuarios:

- Un buen diseño, agradable de ver y fácil de seguir y leer para el ojo, con suficiente espacio para que el usuario se sienta a gusto y no encerrado.

- Una forma de expresarte y comunicarte humana, y no mecánica, tanto creando contenido como en la interfaz de un servicio o aplicación.

- Que todo funcione como se intuye que va a funcionar. En otras palabras, si el botón pone "Siguiente" es porque existe (y te lleva) al siguiente paso.

- Una navegación intuitiva y sencilla de seguir. Es importante que el usuario sepa siempre donde se encuentra. También es importante que siempre haya una forma clara de volver a la página de inicio (usualmente hacer click en el logo cumple esta función).

- Informar al usuario en todo momento del estado. Si has pulsado el botón de "Guardar", te debe salir un mensaje avisándote de que se ha guardado correctamente o al contrario, si ha habido un error. Es el mismo principio por el que tu sistema operativo te muestra un reloj de arena indicándote que esperes ante alguna tarea que está llevando a cabo y no te deja en la oscuridad más absoluta sin que sepas que está ocurriendo.

- Usar tamaños de letra legibles. No hay nada más frustrante que tener que esforzarte para leer una letra diminuta. Piensa que aunque tú puedas leerlo en tu ordenador, quizás en una tablet o móvil no se lea tan bien, o haya usuarios con problemas visuales o de edad más avanzada a los que le cueste hacerlo.

- Si asumes desde el principio que habrá ocasiones donde tu servicio "falle", como por ejemplo que algún visitante acabe por error en una página que no existe, estás en una posición de ventaja para poder ayudar al usuario a "sobreponerse" del fallo y seguir con su tarea, en vez de mostrar frustrantes y feos códigos de error que nadie sabe que significan. Al hacer clic en un enlace que ya no existe, el "fallo", no es lo mismo mostrar una página en blanco con el texto *Error 404 - Not found*, que una página que diga *"¡Vaya! Ese contenido no lo podemos encontrar. Es un problema nuestro y ya hemos sido notificados. Si quieres puedes intentar buscarlo con el buscador de abajo o volver a la página de Inicio"*. La experiencia de usuario que creamos con la segunda es completamente diferente.

- Velocidad. No hay nada más frustrante que una página que tarda años en cargar, o una aplicación que cuando le das a salvar, se tira medio minuto. No desesperes a tus usuarios.

No sólo se trata de que tu proyecto sea agradable al ojo, sino también al uso. Esa es la diferencia entre dejar a tus usuarios con un buen sabor de boca y ganas de volver, o no.

PERSONALIDAD PROPIA

Mucha gente piensa que para ser tomados en serio con su proyecto en Internet hay que dar una imagen "profesional", y aunque eso en un sentido es cierto (no estaríamos dedicando toda una sección del libro a la imagen si no lo fuera), lo que ocurre es que "profesional" suele ir erróneamente relacionado con "serio" y con el concepto social de "respetable" y "confianza".

¿Y qué hay más respetable, serio y que infunda confianza en la sociedad que una gran empresa? Hoy día sabemos que (nótese la ironía) las grandes empresas no desaparecen de la noche a la mañana, que se puede confiar en ellas, que son algo serio constituido a nivel legal y burocrático, que hay muchas personas todas muy serias y respetables por detrás dándole su apoyo y que hay gente contratada que depende de ellas. Entonces yo entiendo que si hacemos parecer de alguna forma que detrás de nuestro proyecto hay una gran empresa, usamos jerga corporativa de la que hace parecer complejo lo sencillo y un *look* así formal y respetable, nuestros usuarios y potenciales clientes de forma automática van a confiar mucho más en nosotros ¿cierto?.

Pero si ahondamos un poco, en realidad el punto de partida de todo esto es nuestra propia inseguridad y miedo de no ser tomados en serio con nuestro proyecto si somos transparentes y auténticos con quienes somos. Entonces para compensar esta inseguridad lo que ocurre es que nos vamos al otro extremo. Hacemos impersonal el proyecto, pretendiendo que sea lo que no es y cuando nuestros usuarios y potenciales clientes nos visitan esa es la experiencia que se llevan: de inautenticidad, poca transparencia y poca claridad. No es fácil averiguar nombres ni apellidos de la gente que hay detrás del proyecto, ni la historia de cómo lo crearon, ni siquiera es fácil a veces saber qué hace y por supuesto al poco de estar en la página se empiezan a sentir oprimidos de tanta seriedad y formalidad.

Lo cierto es que hoy día una de las ventajas en montárselo por Internet a nivel indie es que tu proyecto puede ser algo personal y además tener su propia personalidad. Es decir que es un punto a explotar, no a esconder. Ser cercano, transparente y humano. A la gente le gusta saber quién está detrás de los proyectos, especialmente en Internet. Llegar a conocer a sus creadores, establecer una relación, conocer cómo llegaron a crear su idea. Y todo eso hace que conecten más con el proyecto que si fuera algo impersonal y anónimo.

Esto no sólo se aplica si tu proyecto es algo más relacionado con tu persona como un blog o un vídeoblog, en el que es más obvio que has de transmitir tu personalidad. También se aplica si tu proyecto es un servicio o una aplicación. Corey Maas, el creador de TheBirdy.com un servicio de gestión de gastos domésticos y personales, aplica muy ingeniosamente esto. Su servicio está en un mercado, el de la gestión de financiera doméstica, que está inundado por apps y servicios de todas las formas y colores, así que Corey optó por hacer de TheBirdy.com algo personal.

Por eso aparece su foto en la página de inicio, donde cuenta la historia de cómo creo TheBirdy.com y por eso escribe cada uno de los mails que manda desde el servicio con su propia forma de hablar, firmándolos de su puño y letra. No creo que haya ningún usuario del servicio que no conozca a Corey y la historia de cómo puso en marcha TheBirdy.com. Incluso las veces que el servicio ha fallado, ha mandado personalmente un mail de disculpas con el mismo tono como el que recibirías de un amigo, cercano y humano.

Pero además de hacer tu proyecto personal identificándote con él, te tienes que asegurar que tiene su propia voz y no se queda en una simple máquina. Esto lo puedes conseguir a través de su identidad y como parte de su identidad a través de los textos de la interfaz, lo que se denomina *copywriting*. Aprovecha cada trocito de texto para reforzar la experiencia que quieres crear en tus usuarios y público. No es lo mismo *"Transacción realizada satisfactoriamente"* que *"¡Bien! ¡Ya está tu compra lista!"*. Aunque transmitan el mismo mensaje, lo hacen creando una sensación completamente distinta en la persona que lo está usando, y eso influye en su experiencia de uso.

Y esto se aplica a cualquier texto que aparezca en tu proyecto. Piensa, ¿qué es mejor en el contexto que quieres crear, *"Post"* o *"Entrada"*? ¿*"Aceptar"*, *"Hecho"* o tal vez *"Listo"*? ¿*"Cancelar"*, *"Volver"* o *"Descartar"*? ¿*"Acerca del autor"* o *"Sobre mí"*? ¿una forma de expresarte formal o desenfadada? ¿que tus usuarios se sientan cómodos como en casa o en un ambiente más serio? Tiene que existir una coherencia entre la identidad que quieres crear con tu proyecto, y la forma en que escribes o la forma en que tu interfaz habla. Si estás intentando crear una apariencia fresca y moderna con tu logo y diseño, y escribes tus posts hablándole de "usted" a tu público, o tu interfaz cuando alguien pulsa el botón "Guardar" responde como un robot *"Transacción realizada satisfactoriamente"*; claramente hay algo que está fallando.

Para empezar a identificar el uso de personalidad propia en un proyecto y la sensación que eso crea en ti como usuario o visitante, puedes empezar dándote una vuelta por Mumumio.com, una tienda online española para comprar comida ecológica directamente del productor. Empieza a fijarte en la forma en que se dirigen a su público, tanto en los textos de su tienda online e interfaz, como en los posts que escriben en su blog o Facebook, en la forma en que describen sus productos (por ejemplo: *"No todo va a ser jamón: Lomo de Bellota de Huelva, un hogar no es un hogar sin su pieza de lomo."*) o sencillamente la estructura que tienen en su página de inicio, en el que te presentan sus productos organizados por categoría en forma de diez cosas que no te debes perder.

Otro ejemplo de buen uso de la interfaz para crear una personalidad propia, esta vez en inglés, es el servicio de Mailchimp.com. Algo que hasta la fecha era muy aburrido, la gestión y uso de listas de correo para mailing masivo, han conseguido que sea divertido (o al menos, no tan aburrido) a través de la personalidad propia que han conseguido impregnar en su proyecto. Desde el mono mascota que da nombre al proyecto y que te dice divertidas frases o vídeos desde la cabecera de la página, hasta su diseño o la forma en que la interfaz se relaciona contigo, es un ejemplo vivo de personalidad para analizar.

Haz que tu proyecto tenga su propia personalidad. Especialmente en Internet, la gente está ya cansada de proyectos anónimos, impersonales y grandes corporaciones. Quiere poder empatizar y conectar con los servicios y proyectos que usan, con su historia y con sus creadores. Personalmente, la primera cosa que hago cuando descubro un nuevo proyecto que me gusta, una vez que ya he conseguido averiguar de qué se trata (a veces parece que te lo ponen complicado a posta ¡no caigas en eso con tu proyecto!) es averiguar quién está detrás del proyecto.

No se a ti, pero a mí me es más fácil conectar con algo cuando leo que se trata de una pareja que ha decidido llevar su pasión de diseñar al siguiente nivel y vender tazas, pósters y otros artilugios, a través de una tienda online (¿te suena MrWonderfulshop.es?).

Aprovecha la oportunidad que muchas multinacionales querrían. Diferénciate a través de la personalidad de tu proyecto y haz que sea personal, transparente y cercano. Haz que lleve tu impronta más personal y única.

POR QUÉ TENER VALORES SALVARÁ TU PROYECTO

La realidad es que tus usuarios o clientes no se sienten atraídos hacia tu proyecto por tu logo, por tu diseño o por tu forma de hablarles... o al menos, no sólo por eso. De una forma más profunda, en algunos casos hasta inconsciente, tus usuarios se sienten atraídos hacia tu proyecto por los valores que representa.

Piénsalo. En la vida la personas que están más cerca nuestra son aquellas que de una forma implícita o explícita sabemos que valoran y comparten nuestro mismo conjunto de valores fundamentales. No hace falta que sean absolutamente todos nuestros valores fundamentales, pueden ser una mayoría o incluso sólo los más importantes. Pero la gente que no nos atrae tanto es porque de alguna forma sabemos que no valoran las mismas cosas que nosotros, y eso de forma inconsciente hace que no nos apetezca pasar más tiempo del necesario con ellos.

Lo mismo ocurre con los proyectos. Hay proyectos o iniciativas que te atraen más que otras, porque comparten alguno de tus valores fundamentales. Hay otros que no te dicen nada porque no reflejan claramente ningún valor. Y hay otros hacia los que no te sientes atraído porque no comparten ninguno de tus valores.

Según la revista Fast Company[10]: "En un mundo lleno de servicios digitales, el precio se ha disasociado del coste de producir un producto. El valor viene determinado por la filosofía, no por el precio. Si dos competidores gastan lo misma cantidad en producción, aquel cuyos ideales resuenen con su público es el más valorado".

Todo lo que hacemos en la vida representa unos valores, ya sea de forma implícita o explícita, y tu proyecto no es una excepción. Si no te has parado a reflexionar en los valores y filosofía de tu proyecto, cuando lo hagas probablemente descubras que reflejan alguno de tus propios valores fundamentales, lo cual es bastante normal. Pero aún podemos hacerlo mejor. Podemos reforzar y reflexionar sobre esos valores y centrarnos en ellos a la hora de comunicar y a la hora de crear. Tenerlos presentes de una forma más consciente.

¿Cuáles son los valores detrás de tu proyecto? ¿Cuál es su filosofía, su razón y propósito de existir? ¿Se trata de la simplicidad? ¿De ayudar a tus usuarios a aprovechar mejor su tiempo? ¿Se trata de la conexión entre personas? ¿De inspirar a tu público? ¿De ayudar a tus usuarios a ser mejores personas? ¿De ser diferente?

El propósito de *VisualizeUs.com* es ayudar a la gente a inspirarse, y los valores que representa son la inspiración y la creatividad. El hecho de que sea un servicio para recordar imágenes que te gustan es simplemente un mecanismo. Podía haber montado un blog y colgar cada día una imagen inspiradora, y estaría satisfaciendo el mismo propósito y representando los mismos valores, aunque de una forma diferente.

Es importante darse cuenta que tu proyecto es sólo un mecanismo para materializar un propósito más amplio y general. Si te centras demasiado en el mecanismo (tu proyecto) y te olvidas del porqué existe ese mecanismo, te estarás dejando fuera una parte muy importante de la ecuación: ese perfume secreto que se huele pero no se ve y que hace que la gente no sólo quiera seguir pululando alrededor de tu proyecto, sino que además se vuelvan apasionados seguidores del mismo.

---

[10] The 12 Trends That Will Rule Products In 2013: fastcodesign.com/1671910/the-12-trends-that-will-rule-products-in-2013

Un ejemplo perfecto de proyecto que vive y transmite unos valores es LaMejorNaranja.com, una tienda online cuya misión es hacerte llegar las mejores naranjas, directamente del árbol a tu mesa. La familia Serra consiguen hacerte llegar a través de su proyecto el cariño, cuidado y la labor artesanal que vienen realizando con sus naranjas valencianas en su finca familiar, criadas sin químicos, sin tratamientos y regadas de forma tradicional.

Para muchos otros proyectos estos valores se reflejan en una causa social, como por ejemplo la tienda online de zapatos Toms.com, que dona un par de zapatos por cada par que compras[11] (y que ya han donado más de diez millones para niños necesitados de calzado). Para otros en una filosofía de dar un trato al cliente excepcional, como hemos visto con el caso de Zappos. Para otros como Basecamp, un servicio de gestión de proyectos online, se basa en la usabilidad, la sencillez y el no hacer perder tiempo a sus usuarios. En el caso de American Apparel sus valores son morales ya que venden únicamente ropa fabricada en Estados Unidos.

Para todos estos proyectos sus valores se han convertido en un distintivo y lo que hace que se creen fans y apasionados seguidores en torno a ellos. Aunque al principio pienses que lo único que importa es tu proyecto y el *qué* hace, cuanto antes te des cuenta de que también es muy importante el *cómo* lo hace y el *porqué* lo hace, mejor.

Invierte tiempo para encontrar el propósito y los valores de tu proyecto, para conseguir transmitirlos a tu público, y a la larga esa inversión te será devuelta con creces.

---

[11] Improving Lives: toms.com/one-for-one-en

UN CASO DE ESTUDIO VIVIENTE

Un ejemplo viviente de las distinciones que hemos estado analizando en los capítulos anteriores es Laconicum.com, proyecto que analizaremos en este capítulo. Si quieres ver, en lugar de leer, este análisis entra en mi página *www.VictorEspigares.com/montatelo-bonus* y consigue al video-análisis de la imagen de Laconicum.

Laconicum es el proyecto de dos emprendedoras, María Martínez y Anabel Vázquez, que transmite una de sus grandes pasiones: la cosmética extra-ordinaria, independiente y difícil de encontrar. Como ellas mismas definen la misión de su proyecto: "*Vendemos productos que nos encantaría que compraras, pero sobre todo, regalamos historias de distinta textura y tamaño. Es pretencioso, lo sabemos, pero también bonito. Realmente vendemos cosmética como canal de emociones.*"

Cuando entré por primera vez en Laconicum, lo primero que me entró por el ojo fue su diseño. Como mencionábamos anteriormente un buen diseño es aquel que no necesita verse. Y este es uno de esos: invisible pero efectivo, que te hace sentirte cómodo, como en casa. Es limpio, ordenado y con suficiente espacio para respirar. Tiene una muy buena distribución de los contenidos en la página principal, con un amplio espacio para los productos principales destacados, y una correcta distribución del resto de información conforme vamos bajando. No le sobra ni le falta nada.

Su esquema de colores podría parecer casi monocromático a primera vista, pero cuando uno pasa por los menús descubre con sorpresa el agradable uso del color aguamarina verdoso. Al igual que en el resto del *site*, el uso de colores para destacar ciertos elementos, como el distintivo de nuevo producto o el botón de comprar, es somero, elegante y bien escogido; siempre en tonos poco saturados que encajan con los elementos gráficos e imágenes que usan en su diseño.

Su identidad es sencilla pero refinada, lo cual va perfectamente de la mano con su diseño. Su logo usa únicamente tipografía, sin imagotipos o isotipos, que tampoco es que necesite porque ya transmite claramente la identidad que van buscando: elegante, fina pero a la vez sólida, espaciosa y proporcionada. La marca en sí también es muy interesante: "Laconicum", que era como se denominaban los baños de vapor y saunas de las termas romanas de la antigüedad. La terminación en latín de la palabra le confiere clase y distinción al proyecto, al evocar esa parte de latín antiguo que se equilibra con la imagen moderna del mismo.

Debajo del logo tienen un *claim*, o eslogan ("Para pioneros, *beauty freaks* y curiosos"), que va más allá de un eslogan convencional y no sólo establece el contexto del proyecto sino que crea una identidad para sus usuarios. Es interesante analizar el uso de este texto con esa finalidad, porque no es algo común pero es especialmente adecuado en este escenario.

Lo primero, imaginemos que estoy navegando por esta tienda online de cosméticos y no existe esa distinción que crea una identidad para sus usuarios. Lo más probable es que esté navegando por la página desde mi propia identidad de "no me atrae especialmente la cosmética" y lo haga más por curiosidad pasiva que otra cosa quizás sólo porque he acabado en esa página de rebote. Mis intenciones de compra van a ser muy bajas porque consciente o inconscientemente no me voy a ver reflejado como potencial usuario de la tienda.

Sin embargo en Laconicum, al entrar ya estoy leyendo ese eslogan, que me está diciendo "para quién" es esa tienda. Pero no está sólo contemplando a su público potencial más obvio (claramente el público femenino) y dejando al resto fuera, cosa que me excluiría como público y conseguiría el mismo resultado que el hipotético escenario anterior, sino que está ampliándolo y haciendo al mismo tiempo varias cosas dignas de ser resaltadas. La primera es darle un toque alternativo a su público potencial catalogándolo como *"beauty freaks"* (*frikis* de la belleza, en inglés), que es mucho más *cool* y además no especifica género. La segunda es incluir en su público a "curiosos", y la tercera es expandirlo a "pioneros", una identidad muy poderosa con la que resonar (¿a quién no le gusta sentirse pionero en algo?).

Así, yo que no me considero amante de la cosmética ni mucho menos *beauty freak*, al entrar en su página no me siento automáticamente excluido sino que paso a identificarme primero con el grupo de los curiosos y después con el de los pioneros. Y fíjate que interesante, esa identificación inconsciente hace que sea mi parte "pionera" y "curiosa" la que navegue por el sitio, en vez de mi parte "a mi no me interesa la cosmética". ¿Resultado? Me encuentro con un producto que es cera para la barba y mi parte curiosa se siente más curiosa aún, y mi parte pionera se quiere sentir innovadora probándolo en mi barba.

Encima, leyendo la ficha de esa cera para barbas me encuentro con cosas como esta:

"Muchos hombres cercanos y barbudos nos pidieron/suplicaron que trajéramos ceras para la barba. Les hemos obedecido. Hemos traído Captain Fawcett. [...] Se pueden decir muchas cosas de las ceras de Captain Fawcett, pero quedémonos con que el olor es agradable e intenso, resiste el paso del tiempo y nos encanta el tipo que sale en el frasco. Si te preguntas si necesitas una cera para tu bigote, seguramente no. Exactamente igual que no necesitas un café recién molido o un Lagavulin sin hielo."

Porque he aquí otro de los puntos fuertes de Laconicum que merece la pena destacar en este caso de estudio: su contenido. No sólo son sus productos, cuidadosamente seleccionados según los valores del proyecto, sino cómo están presentados, de una forma fresca, cercana y *cool*, como si tu mejor amiga o amigo te estuviera hablando de ese producto cosmético tan increíble que acaba de descubrir y que es la bomba. Y ese lenguaje cercano y fresco se extiende por todo el *site*, como la genial sección de marcas en la que te hablan de la historia de cada marca, cómo descubrieron esa marca María y Ana, y que hace que sea diferente o característica.

Todo redactado con un tono personal, cercano y con ese puntito de *beauty freak* que es lo que hace de sus productos "cosmética extra-ordinaria" como ellas mismas los definen. Puntito que también sirve para crear y reforzar los valores del proyecto: la exquisitez, el puntito snob/freak (que es el "extra" delante "ordinario"), la gran calidad y sus exigentes criterios a la hora de seleccionar y vender productos. Productos que son usados como canal de emociones, como forma de narrar historias, como mecanismo para incrementar tu felicidad (aunque sea temporalmente hasta la próxima vez que te eches esa crema).

En sus propias palabras:

"Vendemos productos que nos encantaría que compraras, pero sobre todo, regalamos historias de distinta textura y tamaño. [...] Nuestra misión (porque tenemos una misión!) es otra. Una crema cumple la misma función que una canción de Cole Porter o que un pastel de manzana casero: no son imprescindibles, pero cuando los terminamos estamos más felices que cuando empezamos."

Culminamos la experiencia de uso con contenido creado para reforzar la identidad, imagen y valores del proyecto, como son la infográfica genial de Laconicum[12] donde de una forma simpática y desenfadada recopilan datos de la tienda (*"Nuestro pedido más lejano viajó a Rhodes, Australia. El más cercano a 72 metros de la oficina."* o *"Con los kilómetros recorridos por nuestros pedidos podríamos llegar hasta Mongolia"* o *"Nunca hemos enviado un pedido a Soria"*); o cosas como el vídeo que enseña con el mimo y la elegancia que empaquetan cada uno de sus pedidos, montado también con muy buen gusto, y que hace que te den ganas de que te envíen uno a ti también.

---

[12] Laconicum y sus datos: laconicum.com/pages/laconicum-datos

En definitiva, cuidan tanto su identidad, su imagen, su personalidad, sus valores, que se refleja desde la forma en que realizan los envíos hasta su cuidada selección de productos. Es el caso de estudio por excelencia de toda esta sección, ya que refleja cada una de las distinciones que hemos ido viendo en detalle.

Toma como deberes realizar una inmersión por completo en su web, estudiando y analizando cada detalle, y sobretodo viendo cómo se aplican cada una de estas distinciones, porque te puedo asegurar que no será tiempo invertido en vano.

¿QUÉ HARÍA UN DOER?

Estos son los siguiente pasos que tomar en este punto:

ENCUENTRA Y REGISTRA TU NOMBRE:

Muy posiblemente no tengas que buscar tu nombre desde cero, sino que ya tengas ciertas ideas que habrán acompañado a tu idea desde su concepción, y simplemente se trate de un trabajo de refinar, concretar y encontrar tu dominio. Si tienes que pensar un nombre para tu proyecto desde cero, usa los ejemplos que hemos comentado anteriormente y deja que tu creatividad fluya.

Puedes dedicarte a escribir en una hoja todos los nombres que se te vayan ocurriendo durante un tiempo. Normalmente un nombre en el momento en que se te ocurre parece que es "El Nombre Definitivo", pero cuando se deja enfriar, ya no parece tan bueno. Así que date tu tiempo para este paso.

Usa Domai.nr para buscar dominios por su rapidez y por las sugerencias y variantes que ofrece al buscar. Usa el recurso que he preparado en *www.VictorEspigares.com/montatelo-bonus* para evaluar rápidamente y de forma sistemática tu lista de posibles nombres. Luego usa Namecheap.com para registrarlo cuando tengas el nombre definitivo.

DEFINE TU IDENTIDAD, LOGO Y MARCA:

Usa los recursos profesionales que hemos ido mencionando a lo largo de esta sección a tu favor. No te empeñes en crear tu mismo tu logotipo, porque invertirás mucho más tiempo y esfuerzo para acabar con un resultado mediocre (al menos que seas diseñador claro), que si buscas ayuda desde el principio.

ENCUENTRA EL DISEÑO QUE MEJOR SE AJUSTE A TU NOMBRE, MARCA Y PROYECTO:

Busca ejemplos de diseños en otros proyectos que te inspiren en los muchos recursos que hemos ido desgranando y ve construyendo una imagen mental de lo que te gustaría conseguir con el diseño de tu proyecto. Cuando lo tengas más definido, puedes usar [Divi Theme](#) de ElegantThemes o puedes buscar en [Themeforest.com](#) el tema que mejor se ajuste a lo que tienes en mente. En la siguiente sección "Ejecución" veremos cómo encontrar a alguien que te ayude a personalizar el *theme* elegido a tu proyecto.

ENCUENTRA CLARIDAD SOBRE LOS VALORES DE TU PROYECTO:

Realiza un trabajo de reflexión sobre los valores de tu proyecto. Elabóralos escribiendo unos pequeños párrafos sobre cada uno y porqué importan para tus usuarios. y y para ti. Simplemente tenlos claros en tu mente. Eso hará que automáticamente se reflejen en cada proceso de tu proyecto de forma explícita e implícita.

EJECUCIÓN

CÓMO FUNCIONA INTERNET POR DENTRO: UNA GUÍA RÁPIDA Y NO EXCESIVAMENTE TÉCNICA

Mucha gente se pierde cuando llega el momento de empezar a concretar cosas *online*. A lo mejor les suenan algunos términos como "dominio" o "*hosting*" pero realmente no tienen las bases bien asentadas y en cuanto la cosa va un poco más allá, acaban patinando de lo lindo con la sensación de descontrol que va asociada con ello. Por eso vamos a invertir este capítulo en sentar unas buenas bases.

Sin llegar a ponernos demasiado técnicos, vamos a decir que Internet está formado por servidores, que no son más que ordenadores potentes, y clientes, como tu portátil (o *tablet* o *smartphone*...) todos interconectados en una misma red. Cuando navegas con tu portátil por Internet, en realidad lo que estás haciendo son peticiones a los servidores ("¿me puedes dar la página Google.com?") y los servidores las contestan ("sí, aquí tienes").

La respuesta del servidor a tu petición es un montón de texto, lo que se llama *código HTML*, que el cliente, tu portátil, recibe y usando el navegador (Chrome, Firefox, Internet Explorer, etc.) lo interpreta y muestra visualmente. Para entendernos, es como si el servidor al contestar a tu petición dijera textualmente por escrito "aquí va una imagen, aquí va este texto y aquí va esta otra imagen" y el cliente, recibe esas órdenes y las procesa: pone la primera imagen en su sitio, el texto en su lugar, la otra imagen en su respectiva posición, etc. (¿alguna vez has visto una página que literalmente se dibujaba delante tuya? ¿o que incluso primero se veía en forma de texto y luego le apareció el diseño? esta es la explicación).

Si quieres ver el tipo de código que el servidor le manda a tu ordenador, busca la opción "Ver código fuente" en cualquier página en la que estés navegando, pero no te asustes si no entiendes nada porque tampoco te va a hacer falta.

Para saber qué tienen que contestar cuando los clientes les preguntan, los servidores tienen unos programas (*software*) específicos instalados. Por ejemplo, de una forma simplificada, cuando un cliente le pregunta al servidor de Google "¿me puedes dar la respuesta a esta búsqueda?", el software específico del servidor de Google consulta la respuesta, y devuelve el resultado de esa búsqueda a quién se lo preguntó. Obviamente, y especialmente en el caso de Google, es mucho más complejo que esto, pero conceptualmente para entenderlo, nos basta.

Cuando contratas un *hosting*, o alojamiento web, estás pagándole a una empresa que alquila servidores a cambio de usar un trocito de uno de ellos, suficiente para tus necesidades: un trocito de su disco duro, un trocito de su memoria, etc. También puedes alquilar un servidor entero, dependiendo de la magnitud de tu proyecto, pero para empezar normalmente te bastará con un trocito (lo que se denomina *hosting* compartido, o "*shared hosting*" en inglés). Cuando contratas un alojamiento web normalmente viene vacío y desde el propio panel de la empresa con la que lo estás contratando puedes gestionarlo e instalar el software que vayas a usar.

Depende de ti qué software quieras ejecutar en ese trozo de servidor que estás alquilando. Por ejemplo si quieres crear un blog, necesitarás instalar el software de blogging correspondiente en el *hosting*. O si quieres crear una tienda online, necesitarás instalar el software que te permita tener una tienda online. O si estás creando un servicio, necesitarás que el *hosting* pueda ejecutar el software propio que estés desarrollando tú.

No todas las empresas de *hostings* ofrecen lo mismo, ni tienen el mismo precio. Puedes usar Hostarting.es para hacerte una idea del panorama y la oferta actual de alojamiento web a nivel nacional e internacional. Como apunte, a nivel internacional suele ser más barato que a nivel nacional, ya depende de con qué te sientas más cómodo a nivel de idioma.

Cuando usas un servicio como plataforma, como Shopify.com para abrir tu tienda online, lo único que estás haciendo es simplificar toda esta parte y abstraerla para que no te tengas que preocupar de *hosting*, ni de software, ni de servidor. Estos servicios ya tienen todo listo para ti y están pensados y diseñados específicamente para una cosa, por ejemplo crear un blog, abrir una tienda online, etc. con la consiguiente ventaja en cuanto a especialización y funcionalidades. Como contraprestación suelen costar algo más que un *hosting* a secas, pero puedes ver ese recargo como el tiempo que te vas a ahorrar al no tener que gestionarlo todo tú (¿recuerdas el precio por hora de tu tiempo?), lo cuál cuando se es un emprendedor *indie* es muy de agradecer. Hablaremos más en el siguiente capítulo de esto.

La otra parte de la ecuación para entender cómo funciona Internet por dentro son los dominios. Cuando tecleas en la barra de direcciones de tu navegador un dominio ("www.google.com"), ese dominio se traduce en la dirección propia de un servidor y de esta forma tu navegador sabe a quién tiene que dirigir su petición. Podemos decir que los dominios son simplemente nombres en Internet que están apuntando a servidores. Las empresas de hosting te dan la opción de registrar con ellos tu dominio cuando estás contratando espacio en un servidor, lo cual es más conveniente y sencillo, aunque también puedes registrar un dominio con cualquier otra empresa y hacer que apunte al *hosting* que tu quieras.

El alojamiento web se suele pagar mes a mes, con ofertas si pagas seis meses o un año por anticipado, y los dominios se registran de año en año, aunque también puedes registrar varios años de golpe. Es importante destacar que los dominios caducan y si no lo renuevas antes de que caduque para que siga bajo tu control, otra persona podría registrarlo a su nombre y tú perderlo. La empresa donde registraste tu dominio te avisará cuando esté a punto de vencer.

Si usas un servicio como plataforma, te suelen ofrecer la opción de usar un dominio a tu nombre ("tutienda.com"), en vez del subdominio que ellos te ofrecen ("tutienda.shopify.com") Esto se suele hacer desde las preferencias de tu cuenta, y en algunos servicios gratuitos, es parte de su plan de pago.

Resumiendo: La opción recomendada, a menos que tu idea sea un servicio o aplicación, es usar una plataforma que te simplifique las cosas y te permita centrarte en cosas más productivas para tu proyecto. Por ejemplo, si tu proyecto es una tienda online usar un servicio de tienda online, si tu proyecto es un video-curso usar un servicio de venta de video-cursos, si tu proyecto es un blog usar un servicio específico de hosting para Wordpress, etc. Como veremos en el siguiente capítulo existen servicios virtualmente para casi todo.

En caso de no usar un servicio, muy probablemente tus necesidades anden cubiertas con una instalación propia de Wordpress más algún plugin concreto que extienda su funcionalidad. puedes contratar tu propio alojamiento o servidor y necesitarás tres cosas: (1) registrar un dominio, (2) contratar un *hosting* y (3) instalar el software correspondiente en ese *hosting* (Wordpress, un software de tienda online, etc).

Si todo esto te asusta de primeras, no te preocupes y sigue leyendo. Como veremos cuando hablemos del *outsourcing*, una vez que conoces las claves adecuadas por poco dinero puedes pagar a alguien para que lo haga por ti.

LAS TRES ERRES: REUTILIZA, RECICLA Y REAPROVECHA

De entre todas las cosas valiosas que aprendí estudiando Ingeniería Técnica Informática, una de las que más ha seguido resonando el resto de mi vida, tanto a nivel profesional como a nivel personal, es el *mantra* que nos repetía una y otra vez un profesor:

— No reinventéis la rueda.

Esto no es más que una forma de decir que, con toda probabilidad, una o más personas en el mundo hayan resuelto con anterioridad el *"puzzle"* que tenemos entre manos y podamos beneficiarnos de su esfuerzo. Por ello a la hora de empezar un proyecto, un ingeniero tenía que tener la mentalidad de saber que todas las piezas necesarias para ejecutarlo ya estaban disponibles para usarlas, aunque a priori no supiera cuáles eran.

Es decir, no tienes que preocuparte de invertir tiempo o energía pensando, diseñando y ejecutando desde cero todas y cada una de esas piezas que piensas que te harán falta para tu proyecto. De lo único que te tienes que preocupar es de encontrarlas (porque ya existen) y de averiguar cuál es la mejor forma de ponerlas a *funcionar* juntas. Algunas las podrás usar directamente entre sí. Para otras, quizás tendrás que idear algún tipo de pegamento especial o algún tipo de pieza intermedia que haga de puente (o buscar a alguien que te eche una mano con ello). Y por último, aunque poco probable, puede ocurrir que te des cuenta de que te falta alguna pieza que nunca nadie ha creado antes. Y entonces sí, ahora es el momento de invertir tu tiempo y tu Energía *Doer* en solucionarlo. Pero el tamaño de esa pieza siempre será muchísimo más pequeño que el del *puzzle* original.

A la hora de ejecutar tu idea en Internet es imprescindible que te pongas el sombrero de ingeniero y sigas el *mantra* de no reinventar la rueda. ¿De qué te sirve invertir tu tiempo y energía en contratar un *hosting* e instalar un Wordpress desde cero, si puedes abstraer todo eso y usar un servicio que te lo dé todo hecho? Habrá quién diga que es más barato contratar el *hosting* a pelo. Y tendrá razón. Pero no serán esas las palabras que salgan de boca de un *doer*.

Ya sabemos cómo de valioso es el tiempo para un *doer*. Si alguien te está facilitando el camino dándote un servicio que te simplifica pasos o abstrae capas, o ambas cosas, un *doer* entre dinero y tiempo lo tiene claro. Prefiere servirse de las piezas que otros han construido para poder centrarse en las que faltan, lo que verdaderamente va a diferenciar a tu proyecto: el contenido si es un blog, tus productos si es una tienda online o el servicio que des si es una aplicación. La misma estrategia se aplica a la hora de delegar y *outsourcear* a cualquier parte del mundo para liberarnos de tareas consume-tiempo necesarias pero poco productivas, como veremos en los siguientes capítulos.

La buena noticia es que existen multitud de estas piezas en Internet listas para ser usadas y simplificarte la vida. Por ejemplo, si quieres crear una tienda online hay multitud de servicios que te lo ponen fácil ayudándote a centrarte en crear *tu* tienda online, no la plataforma, ni el servidor, ni pelearte con la compatibilidad de versiones. El mayor jugador en ese espacio y sin duda el lugar al que acudir es Shopify.com de reconocido prestigio y con más de 50,000 tiendas online funcionando bajo su plataforma (y muchas de ellas grandes casos de éxito facturando 6 y hasta 7 cifras al año).

Si quieres crear un blog, Wordpress es tu caballo de batalla. Es gratuito y tan popular que ya ha evolucionado dando un paso más allá y no sólo se usa para crear blogs, sino que con las extensiones apropiadas también se puede usar como vídeoblog, tienda online, foro, plataforma educativa, club de miembros o incluso como red social. De hecho, muchas páginas que no son blogs propiamente dichas usan Wordpress como el esqueleto en el que basarse, dada su potencia, versatilidad y la cantidad de recursos ya existentes (*themes*, extensiones, tutoriales, *plugins* para casi cualquier cosa, etc).

En cuanto a servicios que nos permitan usar este potente software como plataforma, los creadores de Wordpress mantienen un servicio propio de uso comercial (wordpress.com, no confundir con wordpress.org), pero no te lo recomiendo ya que presenta muchas restricciones en su uso, como por ejemplo no poder usar cualquier *theme* que quieras o incluso no poder usar muchos de los *plugins* disponibles, sólo los que ellos te ofrecen. Dado que esas dos claves (*plugins y themes*) son esenciales para cualquier proyecto basado en Wordpress, hacen que esta opción sea inviable.

Pero eso tampoco significa que tengas que contratar un hosting e instalar Wordpress a pelo. Puedes usar servicios como WPEngine.com que se encargan de proporcionarte lo mejor de ambos mundos: tener tu propia instalación de Wordpress que poder moldear y toquetear a tu antojo (Wordpress es muy intuitivo de usar por dentro y las posibilidades que ofrece son infinitas) pero a la vez gestionada por gente que entiende y que te evitará tener que preocuparte de cosas como: velocidad y optimización de tu blog, seguridad ante piratas y hackers, escalabilidad frente a picos de tráfico cuando tu blog se haga famoso (cosa que ocurrirá sin duda) y otras funcionalidades tan útiles como *backups* automáticos para que no pierdas ni una chispa de tu información.

Otra plataforma que ofrece Wordpress como servicio pero sin perder las enormes posibilidades de personalización que éste nos ofrece, es Dreampress ofrecido por el servicio de hosting Dreamhost.com, uno de los más conocidos y grandes del sector. Ambas opciones están por el momento en inglés, pero nada que Google Translate no pueda ayudarnos a entender, si es necesario.

Si nuestro proyecto es un curso online, otras piezas interesantes que explorar a la hora de no reinventar la rueda en Internet son Udemy.com, UseFedora.com y Floqq.com, plataformas todas muy interesantes para crear vídeocursos, siendo la ultima made in *Spain*. Si por ejemplo tu proyecto consiste en crear una comunidad online, la gente de vBulletin.com, desarrolladores de uno de los mejores software de foros disponible actualmente, te ofrece ya todo montado para que no te tengas que preocupar de nada que no sea crear tu comunidad. Si lo que queremos es vender cosas hechas a mano, pero crear nuestra propia tienda online nos parece demasiado, podemos usar Etsy.com, el *marketplace* de productos *handcrafted* (hechos a mano) por excelencia. Si hablamos de vender productos digitales creativos, los mercados de Envato.com cubren desde elementos gráficos, audio, música, modelos 3D o vídeo, hasta fotografía y *themes*.

Incluso si tu idea es crear una aplicación o servicio web, empezarlo desde cero hoy día es una locura. Existen toda una serie de piezas a tu disposición que te van a simplificar mucho el camino. Como mínimo vas a poder usar como base un *framework* de desarrollo como RubyOnRails.org o DjangoProject.com que simplificarán muchas de las tareas más tediosas y te proveerán con una estructura y metodología que te ayudará durante la ejecución de tu proyecto. Pero muchas veces incluso vas a poder usar como cimiento un proyecto de software libre o código abierto que te ahorrará muchísimo tiempo. Tus mejores amigos para esto serán Github.com y SourceForge.net.

Y todo esto sin olvidar los ejércitos de bien preparados trabajadores por todas partes del mundo que, como veremos a continuación, están deseando ayudarte a hacer de tu idea una realidad a un irrisorio precio por hora, cogiendo las piezas que no sepas cómo unir y conectándolas por ti, o incluso creando desde cero aquellas piezas que sean tan específicas de tu idea que no existan todavía.

¿Recuerdas lo que te decía al principio del libro? No ha habido un mejor momento para emprender en Internet que ahora, ni han existido tantas facilidades como las que existen hoy día. Existen multitud de piezas ya creadas para simplificarte la vida y listas para aplicar las tres erres: Reutilizar, Reciclar y Reaprovechar.

Cómo decía aquel profesor mío: reinventar la rueda no es ni óptimo, ni elegante, ni la mejor forma de valorar tu tiempo. Adopta la forma de pensar de un ingeniero y usa todas las piezas de Lego a tu alcance para poder construir un castillo online más grande y en menos tiempo.

LA PIEDRA ANGULAR DEL OUTSOURCING

Ya hemos introducido varias veces durante todo el libro la idea de encargarle trabajo a otras personas a lo largo y ancho del mundo, el famoso *outsourcing*. Pero, ¿en qué consiste realmente?

Internet ha revolucionado el mundo del trabajo a distancia de una forma inconcebible veinte años atrás. Lo que antes era casi de ciencia ficción, ahora es algo de lo más normal. Encargarle un trabajo a alguien que no conoces en persona, con el que nunca has hablado, que vive a más de once mil kilómetros de distancia, irte a dormir, despertarte y encontrarte un excelente trabajo que se ha hecho mientras tú estabas plácidamente descansando y a un precio ínfimo en relación calidad/precio… suena un poco a película ¿verdad?

La red ha puesto a disposición del usuario de a pie prácticas de trabajo que antes sólo estaban al alcance de grandes multinacionales. Ha hecho posible que como emprendedores *indie* podamos usar a nuestro favor ventajas desconocidas y desaprovechadas con anterioridad, como la diferencia horaria o el diferente coste de vida en otros países del globo. Algo que parecía imposible tiempo atrás y que aún a mucha gente hoy día le resulta difícil de concebir.

Es un cambio de paradigma. Es pasar de pensar sólo en local (*"conozco a alguien que conoce a alguien que hace diseños web"*) a pensar en global (*"en el mundo hay millones de diseñadores web a mi alcance"*) y de camino beneficiarnos de circunstancias ya existentes. Al ampliar el enfoque de local a global aumentamos así mismo las posibilidades de encontrar la experiencia y la formación óptimas para el trabajo que queremos encargar. Por ejemplo, los programadores hindúes y rusos son famosos por su excelente educación y nivel formativo, y aunque sea un estereotipo general que luego habrá que revisar a nivel individual; cuando el río suena, agua lleva.

Para hacernos una idea con datos más tangibles, un asistente virtual ubicado en la zona de India, Filipinas o Tailandia nos puede costar de $2 a $5 la hora, dependiendo de su grado de especialización. Y en una hora nos puede ahorrar muchas tareas consume-tiempo, de esas que nos dejan la Energía *Doer* por los suelos y volatilizan nuestro verdadero tiempo productivo. Algunos ejemplos de tareas que un asistente virtual ("Virtual Assistant" o "VA" en inglés) puede hacer por nosotros son: contestar mails de soporte de clientes, gestionar pedidos y devoluciones, realizar investigaciones preliminares sobre un tema para posteriormente escribir sobre él, hacer sondeos de mercado y un largo etcétera sólo limitado por tu imaginación como empleador. Las mejores zonas para encontrar un buen asistente virtual en mi experiencia son Filipinas (muy buen nivel de inglés, algunos aún conservan algo de español, muy profesionales) e India (muy formados y buen nivel de inglés). *Outsourcear* tareas a un diseñador gráfico puede costarnos desde $7 a $20 la hora, dependiendo de la calidad de su portafolio y de su zona de trabajo. Un programador puede subir de $15 a $30, de nuevo dependiendo de su zona, área de expertise y *experiencia*. No se trata de ir a lo más barato, sino de buscar la mejor relación calidad/precio para el trabajo que tenemos entre manos.

Cuando nos abrimos a este cambio de paradigma, las posibilidades que se despliegan son inmensas. Sólo tienes que darte una vuelta por portales de *outsourcing* como Upwork.com (antiguo oDesk.com y eLance.com) o Freelancer.com para comprobarlo. Hay literalmente miles y miles de personas, muy bien formadas, con las más diversas áreas de *expertise*, esperando a ayudarte a hacer de tu idea una realidad y de tu proyecto un éxito. Es hasta posible que puedas encontrar a gente que haya llevado a cabo proyectos similares al tuyo, con la consiguiente ventaja que esto implica en tiempo, dinero y resultado final.

Como ya hemos adelantado, lo que vamos buscando es optimizar la relación calidad/precio, es decir, obtener la mejor calidad al precio más óptimo. Contratar a alguien en la otra punta del mundo sólo por el gusto de hacerlo, no es precisamente la idea. Quizás el perfil que mejor se adecua a nuestra tarea lo tenemos a la vuelta de la esquina. Pero es importante que no nos limitemos a buscar únicamente en nuestro entorno local, sino que lo ampliemos globalmente.

Si recuerdas, es el mismo cambio de paradigma que hablábamos en *"Piensa en grande, Empieza en pequeño"* en la sección de *"Optimización de la Idea"*. Internet nos brinda la oportunidad de no vernos limitados por nuestras viejas barreras geográficas, que en el mundo online no significan nada. Tanto para dirigir tu proyecto al mundo entero (y no sólo a tu ciudad o a la gente que comparte tu idioma) como para buscar al mejor candidato para una tarea, abandona los antiguos paradigmas. Cualquier persona del mundo se puede encontrar a tan sólo un email de distancia, viva en la casa de al lado o en el país de enfrente.

Pero no nos confundamos. No estamos hablando de explotación o de aprovecharnos de pobres niños en *"países del tercer mundo"*[1] que se dedican a coser balones o ropa hasta que les duelen las manos. Estamos hablando de usar Internet para contratar a ingenieros, diseñadores, *marketers*, programadores, etc. Gente bien formada en su profesión y en muchos casos con una carrera universitaria. Y hacerlo aprovechando circunstancias ya existentes en el tablero de juego, como el diferente coste de vida, zonas horarias o ventajas formativas. No hay que olvidar que son los trabajadores lo que fijan el justo precio a cambio de sus servicios, no nosotros. Cubriremos también la ética del *outsourcing* en unos cuantos capítulos, porque es un tema que merece ser tratado.

Pero de momento nos centraremos en todas las ventajas que nos ofrece este modelo del *outsourcing* como emprendedores *indie*, que no son pocas: la gran cantidad de talento mundial y diverso existente, la

---

[1] Personalmente no comulgo con esa clasificación. Opino que muchos de esos países, que son así catalogados generalmente por sus infraestructuras, están muy por delante de países que se consideran desarrollados, en cuestiones mucho más relevantes como felicidad o espiritualidad

posibilidad de poder contratar ese talento a un coste asequible, y todo ello al alcance de un click de ratón.

OUTSOURCING: CÓMO ENCONTRAR Y ATRAER A LA PERSONA PERFECTA PARA TU TAREA

Si bien encontrar a alguien que se haga cargo de tu tarea no es nada difícil (Upwork.com, anteriormente conocido como oDesk, uno de los portales de *outsourcing* más grandes existentes, tiene cientos de miles de trabajadores disponibles y listos para empezar un trabajo a tan sólo un click de distancia), encontrar a la persona perfecta se hace un poco más complicado. Y como cabe esperar cuando estás pagando por horas quieres que la cosa vaya lo más suave posible, minimizando las complicaciones y maximizando la calidad. Es decir, buscas al candidato ideal: alguien responsable, en quien puedas confiar, que responda y que entregue la mayor calidad posible al mejor precio posible.

La mala noticia es que no eres el único. Como tú, el resto de personas que está buscando a alguien para su trabajo, quieren lo mismo. Tan sólo en Upwork.com, en un día aleatorio de un mes cualquiera, buscando por diseño web salen 4,500 trabajos abiertos en busca de un perfil y más de 12,000 si lo hacemos buscando por programación. Eso es un montón de competencia para atraer al mejor candidato a tu trabajo. Y obviamente, la gente con calidad no está deseando tirarse a cualquier trabajo que aparezca. Están lo suficientemente ocupados como para no estar necesitados. En general, ese tipo de perfil tiene dos prioridades: una, trabajar en tareas que sean interesantes para ellos y dos, trabajar en tareas que puedan derivar potencialmente en relaciones a largo plazo.

Así que tu mejor baza para atraer a la persona idónea es precisamente intentar ser atractivo en ambas facetas. Empezaremos escribiendo una descripción de tu trabajo que sea atractiva, clara y concisa, y que te haga destacar entre el resto de ofertas en ese momento. ¿Cómo? Lo primero de todo es tener muy claro qué es lo que necesitas. Esta es la razón por la que en muchos capítulos del libro, como en el caso de *"El envoltorio lo es todo: El diseño"* vemos pautas que aunque no te vuelvan un experto de la noche al día, sí que te ayudan a conocer lo suficiente para saber qué importa y qué no, para que al menos puedas redactar una buena descripción de la tarea con conocimiento de causa.

Esto es muy importante y vale la pena que hagamos hincapié en ello. Nadie con cierta calidad y profesionalidad quiere trabajar para alguien que no tiene claro qué es lo que busca ni tiene idea de qué es posible y qué no. Estos son los peores trabajos, porque acaban volviendo loco a la persona que los coge y si alguna vez has sido autónomo, ya sabrás a lo que me refiero: no hay suficiente *karma* en el mundo para pagar esto. Así que lo primero es informarse mínimamente del campo de la tarea y tener claro qué queremos.

Lo siguiente es proporcionar ejemplos de ello. Si estás buscando a alguien que te ayude a integrar un carrito de compra en tu proyecto, busca una página en la que te encante la forma en que funciona el carrito de compra y apórtalo como ejemplo de diseño y funcionalidad. Esta parte de investigación apoya al punto anterior, tener claridad en lo que buscas, y sobre todo ayuda a tu candidato a tener una imagen más definida de lo que quieres y se espera de él.

Es muy importante aportar detalles y requerimientos específicos de tu tarea. Cuanto más específico seas y más información aportes, más datos tendrán los posibles candidatos para saber a priori si encajan con lo que buscas o no. Incluye requerimientos de tiempo (*"tiene que estar listo antes del viernes 21"*), requerimientos de habilidades (*"conocimientos de inglés imprescindibles"*), requerimientos de herramientas a usar ("*imprescindible manejo de Photoshop*"), requerimientos de lo que se necesita entregar ("*todo el diseño en formato Photoshop CS4, código fuente del theme e instrucciones detalladas en formato texto sobre la instalación*") y en general cualquier cosa que creas necesaria especificar para tu tarea. En el capítulo "*El Secreto para Prevenir Futuros Dolores de cabeza al Outsourcear*" hablaremos más en profundidad sobre los materiales a entregar.

No olvides incluir si estás buscando crear una relación a largo plazo con tu candidato perfecto. Eso siempre hace más apetecible el trabajo a gente seria y responsable que va buscando crear buenas relaciones laborales y no pequeños trabajos puntuales.

Por último, recuerda también tener presente dónde estás buscando qué perfil. Por ejemplo en Upwork.com puedes encontrar de todo, desde programadores hasta diseñadores, *copywriters* para tus textos y eslóganes, contables, asesores, etc. pero por lo general tiene cierta tendencia más hacia el perfil técnico (eso no quita que no puedas encontrar gente de perfil creativo muy buena). En Fiverr.com puedes encontrar perfiles de todo tipo que hacen tareas por $5, pero suelen ser tareas pequeñas y muchas de ellas relacionadas con marketing (dar testimonios de tu producto, hacerse fotos con tu logo, etc.) aunque hay verdaderas joyas creativas escondidas que merece la pena rebuscar. Para cosas exclusivamente creativas 99Designs.com, en español, o DesignCrowd.com, en inglés, abarcan cualquier trabajo creativo desde diseño hasta *copywrite* (textos, eslóganes, etc).

Piensa que todo el tiempo que inviertas documentándote, buscando ejemplos e inspiraciones, y en definitiva ganando claridad sobre qué quieres y cómo lo quieres, será tiempo que evitarás malgastar una vez que el taxímetro eche a andar.

6 CLAVES PARA OUTSOURCEAR CON ÉXITO Y NO MORIR EN EL INTENTO

Encargar un trabajo a alguien en la otra punta del mundo, aunque suene espectacular de primeras para los no iniciados ("*¿cómo? ¿que has contratado a una plantilla de hindúes para organizar las fotos de nuestro último viaje?*"), en realidad no es nada complicado. Cuelgas tu trabajo *online* en algún portal de *outsourcing* como Upwork.com, te llueven los candidatos, escoges a uno, te encomiendas a la Virgen del Rosario y cruzas los dedos de las manos (y de los pies, si puedes) para que todo vaya bien. Porque si bien es cierto que *outsourcear* no es nada complicado, también es cierto que hacerlo de forma eficaz ya es harina de otro costal (esta es la parte donde todo el mundo que haya malgastado su dinero *outsourceando* asiente con amargura).

Encargar y gestionar un trabajo de forma eficiente requiere de ciertas claves y trucos, de esos que sólo se obtienen con la experiencia de haber acabado escaldado más de una y más de dos veces en el proceso (en mi caso, incluso más de tres).

No quiero que tropieces con mis mismas piedras, así que aquí van algunas claves para *outsourcear* y no volverte loco por el camino:

ENCARGA PEQUEÑAS TAREAS PARA REALIZAR UN CRIBADO INICIAL: Si estás buscando un candidato para un trabajo de media/larga duración, no escojas el primero que te entre por el ojo para asignarle todo el trabajo. Eso puede ir bien o puede ir mal, igual que lanzar una moneda al aire te puede dar cara o cruz, y estar tanto tiempo con los dedos cruzados rezando para que salga bien puede derivarte en alguna lesión seria. En vez de eso, subdivide el trabajo y escoge alguna tarea que puedas encargar inicialmente y úsala como forma de encontrar al candidato perfecto. Puedes repetir esta estrategia con tantas pequeñas tareas como quieras hasta que encuentres a la persona más idónea para tu trabajo. Es una forma muy práctica de asegurarte de que esa persona no sólo es la más apta en cuanto a habilidades, sino que su forma de trabajar encaja con la tuya.

PRACTICA UN EXCESO DE BUENA COMUNICACIÓN: Ya hemos visto la importancia de preparar una buena descripción del trabajo a hacer. Extiende esa claridad y forma concisa de expresarte a toda la relación con tu candidato. Lo primero que deberás hacer es establecer la mejor forma de poneros en contacto el uno con el otro, otras formas adicionales por si esa falla (lo cual no es tan extraño), horarios en los que ambos podéis ser contactados y tiempo de respuesta que podéis esperar el uno del otro. Siempre que tu *freelance* te enseñe algo o pida tu opinión, proporciona *feedback* claro y preciso sobre lo que te gusta y lo que no, y cómo mejorarlo. Añade ejemplos y referencias donde puedan ser útiles. No dejes que pasen más de 2-3 días sin tener noticias de él, a menos que previamente te haya indicado que estaría con otras cosas durante ese periodo, por ejemplo.

TEN EN CUENTA EL FACTOR DIFERENCIA HORARIA: Para bien y para mal. Si vives en Europa, a lo mejor tu candidato te lleva 7 horas por delante si está en Asia o igual va 6 (o más) horas por detrás si reside en Estados Unidos. En cualquier caso, tenlo siempre en cuenta. Ya sea para comunicarte con él o para planificar reuniones o para el tiempo de respuesta en las comunicaciones entre ambos. Pero sobretodo y especialmente, a la hora de emergencias que necesites arreglar. Yo uso WorldTimeBuddy.com para ver las diferencias horarias de una forma clara y visual, y evitar liarme con las diferentes zonas horarias.

CONSTRUYE UNA RELACIÓN: Upwork.com, eLance.com, etc. son en realidad únicamente herramientas. Aunque haya una pantalla de por medio, no hay que olvidar que estamos tratando con otra persona al otro lado y la forma más efectiva de que la cosa salga bien es invertir en construir una relación con esa persona de la misma forma que harías en el mundo *offline*. Crea confianza, honestidad y aporta valor a la otra persona y todo funcionará rodado.

CONOCE A TUS FREELANCERS: Siempre que empieces una relación procura tener una reunión por Skype para conocer a la otra persona, especialmente (pero no sólo) si el trabajo es de media/larga duración. Es una buena forma de reducir la impersonificación propia de la que hablábamos en el punto anterior y una buena forma de sentar adecuadamente los pilares de vuestra relación.

SIGUE DE CERCA TODO EL PROCESO: No te conformes con que tu *freelance* te enseñe lo que lleva al finalizar la tarea. Lleva un seguimiento continuado y da feedback de forma continúa también. Es la mejor manera de asegurarte que los resultados se adecúan a lo que vas buscando y no enterarte que se han desviado por completo cuando el trabajo ya está finalizado. Es mucho mejor corregir sobre la marcha, que tirarlo todo a la basura y empezar de nuevo.

ITERA, ITERA, ITERA: Cuando digo iterar me refiero a repetir el proceso hasta conseguir el resultado deseado. Cada repetición del proceso se denomina una "iteración" y los resultados de esa iteración se usan como punto de partida de la siguiente iteración. Por ejemplo: encargas un trabajo a una persona, haces el seguimiento correcto y das feedback de forma apropiada, pero lo que esta persona te acaba entregando, ya sea por límite de tiempo, capacidad o presupuesto destinado a ese trabajo, es algo que no te acaba de encantar. Tomaremos eso como la primera iteración. Ahora buscas a otra persona para que refine los resultados de la primera iteración y continúe trabajando en ella. Esta vez estás algo más satisfecho con el resultado, pero todavía no es lo que tienes en mente. Así que le vuelves a encargar nuevas modificaciones a esta misma persona que te ha gustado como ha trabajado. Y así iteramos hasta que quedemos satisfechos. Como vemos puedes iterar tanto con diferentes personas como con una misma persona si su trabajo te satisface pero el resultado no es aún perfecto. Esta estrategia es especialmente interesante con Fiverr.com por el precio fijo tan bajo (tan sólo cinco dólares) que tienen las tareas en este portal.

Outsourcear es una de las mejores armas que tendrás en tu arsenal de emprendedor *indie*, pero como todo, es más un arte que una fórmula. Recuerda siempre que estás tratando con otras personas, posiblemente en lugares muy lejanos y con unas circunstancias y cultura propias probablemente muy diferentes a las tuyas. No des nada por supuesto (aunque sean cosas obvias para ti), háblalo todo desde una buena comunicación y basa tu relación en crear confianza con tus *freelancers*.

EL SECRETO PARA PREVENIR FUTUROS DOLORES DE CABEZA AL OUTSOURCEAR

Ya hemos hablado sobre especificar muy bien los materiales que te serán entregados a la finalización de un trabajo. A menos que lo que encargues al *outsourcear* se trate de una tarea puntual, es bastante probable que en algún momento en el futuro necesites modificar, ampliar o añadir algo al trabajo que estás encargando.

Cuando llegue ese día si el *freelance* no te proporcionó los materiales apropiados porque tú no supiste pedírselos, te encontrarás con la triste realidad de tener que empezar de cero. Es decir que el trabajo que estás encargando hoy no se podrá usar como base sobre la que trabajar mañana. He visto a mucha gente sufrir a consecuencia de esto y malgastar dinero y energías a mansalva *outsourceando* sin éxito.

Imagina la siguiente situación: estás inmerso en plena vorágine de materializar tu idea y encargas a un diseñador el logo para tu proyecto. Lo primero, como ya indicábamos, es que inviertes tu tiempo en hacer correctamente lo deberes: buscas inspiraciones, clarificas la propuesta que tienes en tu mente y consigues transmitirla de la mejor forma a la otra persona. Puede que hasta hagas un boceto a lápiz para ayudar a transmitir tu idea. Después de unas cuantas iteraciones trabajando y proporcionándole feedback a tu diseñador, acaba llegando a algo que te satisface bastante. Contento con su trabajo, el diseñador te manda varios archivos PNG en diferentes tamaños, y aquí termina vuestra relación. Coges tu logo, lo pones en tu página web y sigues hacia delante.

Pasan seis meses y tu proyecto está subiendo como la espuma. Tanto, que estás pensando en organizar un concurso entre tus usuarios y regalar unas camisetas molonas y algo de *merchandising* para crear marca y sobre todo comunidad. Buscas opciones y encuentras una empresa que sólo subiendo tu logo, ya se encarga de todo lo demás (como por ejemplo, Zazzle.com, Cafepress.es o Spreadshirt.es) Y bien contento te dispones a subir tu logo. Pero… oh oh… ¡tu logo no cumple con la resolución mínima que te piden para que la impresión sea de calidad! Además te dicen algo sobre que es mejor que uses un formato vectorial, y tú no tienes ni idea de si tienes eso o no. ¿Qué hacer?

Tu única opción es ponerte en contacto con el diseñador *freelance* que te hizo el trabajo seis meses atrás, que seguramente tenga el formato vectorial que necesitas puesto que fue él el que creó el logo. Si tienes suerte de contactar con él, probablemente te sugiera que crees otro trabajo para que te "vuelva a diseñar" el logo y esta vez entregártelo en vectorial, aunque él ya tenga ese archivo en su ordenador ¿Por qué? Porque en su mente estás pidiendo algo adicional al trabajo inicial de hace seis meses y eso se cobra aparte. Si no consigues contactar con él, te tocará buscar a otro diseñador que te vuelva a diseñar tu logo de nuevo. En ambos escenarios, vuelves a pasar por caja. Y lo peor (y lo mejor) es que esto se podría haber evitado desde el momento cero en el que especificas tu trabajo y los materiales que quieres que te entreguen.

Ahórrate futuros quebraderos de cabeza y a la hora de encargar algo no dudes en ser extremadamente específico sobre el material que se te tiene que entregar. Pide siempre el material "bruto" e incluso aclara para qué versiones del software se tiene que poder abrir, especialmente en el caso de material gráfico. Y siempre intenta ver más allá: ¿qué posibles usos le daré a esto en un futuro? ¿qué tendré que modificar o querré mejorar conforme mi proyecto avance? ¿puedo usar esto como base para algo más adelante?

EJECUCIÓN

Estas son algunas tareas típicas que encargar y sus consiguientes materiales a entregar junto con algunas recomendaciones a tener en cuenta:

- Si encargas un logo pide que te sea entregado en formato vectorial, no sólo en formato JPG o PNG, y a poder ser con las capas o el montaje correspondiente en el software usado (Illustrator, Photoshop...). La diferencia entre formato vectorial y formato *bitmap* (GIF, JPG o PNG) es que en formato vectorial puedes ampliarlo o reducirlo cuanto quieras sin perder calidad, mientras que en formato *bitmap* al cambiarle el tamaño, se pierde calidad. De formato vectorial se pueden crear todas las versiones *bitmaps* que quieras (a diferentes resoluciones y tamaños por ejemplo), pero no a la inversa. Para futuras aplicaciones de tu logo es imprescindible disponer del archivo original en formato vectorial.

- Especifica que el material que se te entregue se pueda abrir con la versión del software que tú tengas. Esto es importante, muchos *freelancers* trabajan con las últimas versiones porque es su herramienta de trabajo, pero la versión que tú tengas no tiene porqué ser la última disponible. Comprueba de qué versión dispones y especifícalo si es necesario. Esto se aplica tanto para materiales gráficos como para cualquier material para el que necesites un programa específico para abrirlo. Si no dispones del software en cuestión, Photoshop por ejemplo, asegúrate de que el *freelance* te entrega el material que se pueda abrir en varias versiones.

- Si encargas un *theme*, no te conformes con tener el *theme* funcionando en tu blog o página. No todos incluyen materiales gráficos, pero si los tiene, pide que sean parte de los materiales que te entregan (usualmente en formato PSD de Photoshop). Igual ocurre con el código fuente del *theme*, para poder usarlo en el futuro en otras páginas o proyectos (dependiendo de la licencia con la que lo adquieras, existen licencias de un único uso o multi-usos).

- Si encargas algo relacionado con programación, pide todo el código fuente que se haya creado más las librerías auxiliares que se hayan necesitado, ya sean propias del *freelance* o externas. Especifica que sean de código libre si son externas para ahorrarte quebraderos de cabeza con las licencias. Incluso si ha usado un *framework*, pide que incluya por separado el código fuente del mismo, así te aseguras reducir la incompatibilidad de versiones en un futuro.

- Si es un desarrollo desde cero, asegúrate de pedir la documentación apropiada del código, tanto en el propio código como en un documento aparte que explique cómo está estructurado. Dependiendo de la dimensión de la tarea a encargar, debes de hacer más o menos hincapié en la documentación para que futuros programadores no pierdan tiempo entendiéndolo. Una buena práctica es pedir un documento que liste todas las dependencias externas (librerías, *frameworks*...) que se hayan usado junto con sus correspondientes versiones e instrucciones de instalación.

- Si encargas una instalación, por ejemplo de Wordpress en tu *hosting*, ten muy en cuenta la seguridad. Asegúrate antes de encargar el trabajo que todas las contraseñas de acceso a tu *hosting* que pueda necesitar el *freelance* son temporales (y no precisamente esa contraseña que usas para todo, *ejem ejem*). Así mismo asegúrate que el *freelance* te proporciona todas las contraseñas que haya creado durante el proceso.

- Por ejemplo, para Wordpress no sólo se crea un usuario administrador con su respectiva contraseña, sino que también se necesita usar una base de datos y eso conlleva otro usuario y otra contraseña que tienes que tener en tu poder. No confíes ni desconfíes de la profesionalidad del *freelance*, pero cúrate en salud y especifica todos los detalles que necesites tener, antes de que termine su trabajo. Una vez que haya terminado su trabajo, asegúrate de cambiar todas las contraseñas por otras diferentes.

- Si encargas un registro de un dominio y contratación de *hosting*, asegúrate que el freelance transfiere el dominio a tu dirección de email, que te proporciona todas las contraseñas que puedas necesitar (para gestionar el dominio, para gestionar el *hosting*, y las adicionales del software que haya instalado, como por ejemplo del panel de administración de Wordpress y de la base de datos) y por supuesto que cambias todas las contraseñas por unas que sólo tú sepas cuando termine su trabajo.

- Si necesitas cualquier tipo de instrucciones una vez que la tarea esté terminada, como por ejemplo sobre cómo cambiar la contraseña del usuario de la base de datos o sobre cómo cambiar el tamaño de letra del blog, piénsalo con antelación y asegúrate de incluir que necesitas esas instrucciones en la descripción de tu tarea. Tampoco te vuelvas loco pensando casos peregrinos (*"¿y si necesito cambiar el color de la esquina derecha del botón de Siguiente?"*) pero en general piensa en la función del freelance no sólo como alguien que te entrega el trabajo hecho, sino también como fuente de conocimiento y documentación, hasta cierto punto. Esto es crucial especificarlo en la descripción de la tarea y no durante la tarea.

- Si no tienes claro qué tipo de materiales se derivan del trabajo que vas a encargar, siempre te puedes informar primero mirando trabajos similares al tuyo en el mismo portal de *outsourcing* que vayas a usar, buscando en Google o preguntando en foros especializados donde seguro que te pueden echar una mano.

La idea es que puedas ser ligeramente autosuficiente disponiendo de los materiales originales. Tanto para encargar futuras modificaciones a otra persona y aprovechar ese trabajo por el que ya has pagado, como para realizar pequeñas modificaciones por ti mismo sin tener que volver a sacar la tarjeta de crédito para ello.

LA ÉTICA DE OUTSOURCEAR

Como ya adelantamos al introducir la idea, para algunas personas el *outsourcing* supone un dilema moral y/o ético que muchas veces es fruto del desconocimiento o de creencias ya preestablecidas al respecto. Me gustaría dedicar este capítulo a adentrarnos en este tema y ver más allá de la dualidad simplista de "bueno/malo" o "blanco/negro" que al gran público le gusta atribuir desde fuera.

Para centrar el contexto, recordemos que no estamos hablando aquí del *outsourcing* a un nivel masivo que realizan multinacionales, llevándose sus plantas de producción a países del llamado "tercer mundo" para abaratar costes, y dejando a miles de trabajadores desempleados en los países de origen. Ni tampoco vamos a debatir sobre el estado del asunto a un nivel macro económico y global ni de sus repercusiones a una macro-escala mundial. Esos son debates intelectuales que darían para sendos libros en sí mismos, y que probablemente tampoco concluirían en nada práctico o tangible. Debates que por supuesto no están dentro de las pretensiones de este libro.

De lo que estamos hablando es de usar unas circunstancias ya existentes a la hora de contratar tareas, más grandes o más pequeñas, que nos ayuden a conseguir materializar nuestro proyecto. Estamos hablando de todas las herramientas que un emprendedor *indie* de cualquier parte del mundo tiene a su alcance para poder crear cosas online. Estamos hablando de no dejarnos paralizar por el *"no sé hacer X"* y sustituirlo por el saber cómo buscar ayuda profesional y asequible para poder seguir hacia nuestra meta.

Aunque tú ya estés plenamente convencido de las virtudes del *outsourcing* y sólo puedas pensar en cómo te va a ayudar con tu proyecto de una forma asequible para tu bolsillo, no quiero dejar de hablar sobre este tema porque 1) te lo vas a encontrar ahí fuera y 2) me gustaría que fuéramos más allá de quedarnos sólo con la idea de un precio por hora barato.

En mi experiencia, las conversaciones más usuales que la gente tiene sobre el *outsourcing* son las siguientes:

— El outsourcing es una forma de explotación, es aprovecharse de pobre gente necesitada, pagarle dos duros y seguir perpetuando el *status quo* de pobreza.

Cualquiera que tenga un mínimo de experiencia *outsourceando* puede ya directamente ver la falacia en este razonamiento. Si tienes la ocasión cuando *outsourcees* con alguien, pregúntale acerca de esto. Yo lo he hecho y las respuestas han ido rompiendo todos mis desfasados esquemas mentales al respecto. La gente de India, Filipinas, Pakistán, Tailandia, etc. que se dedican a hacer trabajos de *outsourcing* para otros países cobran más por su trabajo que lo que cobrarían haciendo el mismo trabajo en su país. Es decir, que ni se consideran explotados ni consideran que les estés pagando poco, sino todo lo contrario. Tampoco son pobre gente necesitada, sino gente bien formada. Recordemos siempre que piden por su trabajo lo que ellos consideran justo, en base a su experiencia, trayectoria y formación. Como veremos en el siguiente capítulo, en mi experiencia el *outsourcing* es una forma de poder marcar una diferencia con otras personas en otros lugares del mundo, que no sabemos en qué puede derivar. Pero que sin duda no está perpetuando el status quo, sino que está creando posibilidades en esos lugares.

— No es ético pagarle a alguien poco por hacer el trabajo duro, y embolsarte tú las ganancias de su trabajo:

Aquí se suelen mezclar dos creencias: Una es el precio por hora de un trabajador de otro país, de lo cual ya hemos hablado; y otra es la ética o moral de "*aprovecharte*" de otra persona para hacer el trabajo duro y tú embolsarte los beneficios. Esta última es una mentalidad que no nos llevará muy lejos a la hora de que nuestro proyecto florezca financieramente como negocio y empresa, y suele ser la razón por la que mucha gente lo pasa mal cuando pasa de empleado a empleador. Se basa en la creencia que existe de que "*el mundo debe ser justo*". Por encima de todo, recordemos que estamos pagando el precio que el trabajador pide. No el que nosotros imponemos. Y por supuesto este razonamiento se deja fuera mucha información que no cuadraría con él, a la hora de defenderlo. Como por ejemplo, no valorar la cantidad de horas de tu tiempo que has invertido tú en adquirir lo que sabes, en crear e idear tu proyecto… todo el trabajo duro y todo lo que se haya requerido de ti hasta llegar a este punto. Simplemente hacer una comparación simplista entre porqué tú te llevas los beneficios y a esa otra persona le pagas tan poco. Es como si dijéramos que no es ético que un diseñador becario en Apple cobre una miseria por hacer todo el trabajo duro mientras Steve Jobs, cuando vivía, y la junta de inversores se llevan todas las ganancias. Pero de nuevo, siempre es más fácil quedarse desde fuera con la visión dualista "bueno/malo".

— Estás dejando de crear empleos locales y eso no es bueno para la economía nacional:

Esta parece que es algo innegable a primera vista y es un razonamiento que proviene mucho del ejemplo de grandes multinacionales que poníamos con anterioridad. Pero si la analizamos con calma podemos ver algunas cosas. La primera y más obvia es que encargar algo fuera no implica que lo hubieras encargado aquí. Es decir, que como emprendedor *indie* quizás te puedes permitir que alguien por 200€ te haga un diseño de buena calidad, pero eso no implica que te hubieras gastado 1.000€ (por ejemplo) en un diseñador de tu país. Con lo cual no es que estés dejando de crear trabajos locales, es que o lo encargas en otro sitio más asequible o no lo encargas. El segundo aspecto a destacar es que quizás ese trabajo que estás encargando, puede que de una forma puntual o de unas dimensiones tan reducidas que te costaría encontrar candidatos en tu ciudad o país, ese trabajo se está realizando en una zona en la que quizás produzca una mayor repercusión, como veremos en el siguiente capítulo.

Por supuesto, hay formas y formas de hacer las cosas, y yo aquí me estoy refiriendo a *outsourcear* de una forma responsable, ética y humanizada, de la misma forma que harías si contrataras a una persona que va a estar enfrente tuya trabajando. Que la otra persona viva a muchos kilómetros de distancia no te da permiso para comportarte de forma distinta a si lo tuvieras delante.

Nosotros hemos *outsourceado* en muchos países, incluido el nuestro propio, y siempre hemos tratado a todas las personas que han trabajado con nosotros como si fueran parte del equipo. A la hora de hablar, a la hora de encargar, a la hora de pagar, a la hora de motivar, a la hora de escuchar, a la hora de pedir correcciones. Al fin y al cabo, estás desarrollando relaciones personales, no escondiéndote detrás de un mail para mandar a diestro y siniestro en plan dictador.

LA ÉTICA DE OUTSOURCEAR (II): UNA HISTORIA REAL

Cuando comencé con *VisualizeUs.com* desconocía por completo todo lo relacionado con *outsourcear*. Era más de la escuela "*yo me lo guiso, yo me lo como*" aplicado a absolutamente todo: arreglar lo que se rompía aquí y allí, responder todos los mails de soporte de la gente, revisar todas las imágenes que se subían, meterme en foros para dar a conocer el proyecto, arreglar esto o lo otro que no se veía bien en Internet Explorer, programar la nueva funcionalidad que varias personas me habían pedido, y un largo etcétera. Y durante los tres primeros años, hacía todo eso compaginándolo con mi trabajo a tiempo completo, que no tenía nada que ver con mi proyecto.

Cuando finalmente el concepto se cruzó en mi camino, aunque innovador, lo deseché sin mucho miramiento y seguí con mi enfoque de hombre orquesta: tocando la armónica, el tambor, el platillo y la guitarra todo a la vez. En aquel entonces pensaba que era demasiado complicado gestionar a alguien en la otra punta del mundo, dudaba de la calidad de esos trabajadores de remotos países y había comprado demasiado mi cuento de "*nadie conoce mi proyecto mejor que yo*". Para mi desgracia.

Si hubiera hecho mis deberes y hubiera fijado un precio a mis horas (como vimos en el capítulo "*Ponle Precio a Tus Horas*") hubiera tardado poco en darme cuenta de lo poco eficiente que estaba siendo a la hora de invertir mi valioso tiempo y sin duda hubiera recurrido a alguien que me ayudara con las tareas más consume-tiempo y menos productivas de toda la pila de cosas que tenía encima mía, día tras día. Pero como decía al principio del libro, yo he aprendido a base de tortas y de equivocarme y volverme a equivocar, y me alegro que ese no tenga que ser tu caso.

Pues así estaba el panorama, cuando un buen día en medio de la ajetreada rutina apagando los incendios del día, recibimos un correo de una persona de India, que se ofrecía a ayudarnos con tareas de *VisualizeUs*. Su nombre era Nirlipta y según nos contaba llevaba ya un tiempo ayudando a otra página de concepto similar a la nuestra y quería ofrecernos sus servicios para cualquier cosa que pudiéramos necesitar. Al principio no le echamos muchas cuentas, al fin y al cabo, recibíamos cientos de correos a la semana y no todos eran "fiables". Pero no se porqué, me decidí a escribirle y tantear un poco. Y así empezamos una relación profesional *outsourceando* con él, que se extiende ya a los casi cuatro años.

Lo mejor de haber estado trabajando con él durante este tiempo, aparte de comprobar la adaptabilidad a cualquier tipo de terreno que como profesional ofrece (y por supuesto desmontar mis creencias sobre la calidad de los trabajadores de países remotos), es haber visto de primera mano las consecuencias que tiene el *outsourcing* humano. Durante el tiempo que se extiende nuestra relación profesional, he visto a Nirlipta pasar a su vez de estar empleado en una multinacional a fundar su propia empresa, en la que está dando trabajo actualmente a otras diez personas. Según sus propias palabras, *VisualizeUs.com* ha jugado un papel decisivo en esta transición y ha sido lo que le hizo tomar la decisión para dar el gran salto.

Pero en vez de ser yo quien te lo cuente, le pregunté a Nirlipta si sería tan amable de hablarnos de primera mano de su experiencia, y estas son sus palabras:

* * *

"Crear mi propia empresa ha sido un sueño con el que venía soñando desde hacía años, y estoy muy orgulloso de haberlo hecho realidad. Si no me hubiera lanzado a cumplirlo, seguramente seguiría trabajando para alguna multinacional en un puesto intermedio de administración. Así que si comparo mi posición actual con donde podría estar si no hubiera seguido este camino, estoy infinitamente más satisfecho ahora mismo. Desde el punto de vista financiero quizás hubiera ganado una cantidad similar, pero desde el punto de vista de satisfacción, hay una enorme diferencia.

Cuando me decidí a empezar mi propio negocio, hice un plan. Me di seis meses para probarme. Empecé a contactar con diferentes emprendedores y empresas. Tenía una lista con una buena combinación de empresas indias y también extranjeras. VisualizeUs.com era definitivamente uno de los nombres fuertes en esta lista. Y quería contactar con ellos, pero teniendo un buen plan primero.

Así que primero me puse en contacto con un proyecto más pequeño de imágenes de aquí de la India y estuve un tiempo ayudándoles. Una vez que entendí más sobre cómo funcionaban y el mercado en el que se movían, me puse en contacto con VisualizeUs. Ese fue un gran momento para mi, cuando me respondió Victor pidiéndome más información sobre cómo podía ayudarles. Empecé a hacer tareas aquí y allá, y a recibir un buen feedback por su parte.

Me hizo creer en mí mismo, en que era capaz de dar servicio a clientes internacionales a ese nivel. Así que puedo decir que VisualizeUs. com sin duda jugó un gran papel en que hoy tenga mi propio negocio, que funciona y crea trabajo para otras personas. Realmente fue lo que me subió la moral y me hizo tomar la decisión de ir a por todas, dejar mi trabajo y crear mi propia empresa.

Actualmente, hay diez personas trabajando en mi empresa. Y este es el número máximo hasta la fecha, aunque en los próximos meses estoy planeando aumentar el número a 18 o 20. Nos ha llevado un periodo de seis meses pasar a tener beneficios. En una escala del 1 al 10, yo diría que estamos en el 8.5 en cuanto a satisfacción. Estoy realmente agradecido por haberme lanzado a crear mi propio negocio. Hemos tenido momentos buenos y momentos malos, pero ya sabemos que eso es parte del juego.

Y lo más importante, nunca me he arrepentido de haber tomado esta decisión."

* * *

Jamás de los jamases se me hubiera ocurrido que por encargar tareas de mi proyecto a una persona en otro país, se pudieran producir repercusiones positivas de este calibre. Estamos hablando de que la decisión de encargar pequeñas cosas aquí y allá, ha contribuido significativamente para que una persona cumpla su sueño de crear su propia empresa y no sólo eso, sino que diez personas más tienen un empleo gracias a ello. Por supuesto Nirlipta lo tenía claro y llevaba persiguiendo este sueño desde hacía tiempo ya. De hecho, su enfoque sistemático (preparar un plan, una lista de potenciales clientes, ganar experiencia antes de contactar con el nombre fuerte, etc.) es digno de ser estudiado para tu propio proyecto. Y como él mismo dice, *VisualizeUs.com* fue la clave decisiva para dejar su trabajo e ir a por todas.

Al *outsourcear* no estamos perpetuando precisamente el status quo como puede parecer desde fuera para alguien no informado. Sino todo lo contrario, estamos creando posibilidades para cambiarlo. Nirlipta y las diez personas que gracias a él tienen un trabajo hoy día son la prueba viviente de las repercusiones positivas que puede tener el outsourcing ético.

NO QUIERAS ACERTAR A LA PRIMERA

Durante los siete años en los que he estado activamente dirigiendo y haciendo crecer *VisualizeUs.com* como proyecto, incluyendo la fase de convertir mi idea en una realidad, una de las mayores conversaciones que me ha frenado en muchas ocasiones ha sido el querer acertar a la primera.

Generalmente, esta conversación se produce cuando uno está en su cabeza barajando diferentes opciones, estrategias o formas de hacer algo. Pero claro en el plano mental no tenemos información fiable y empírica de cuál de esas opciones va a ser la que funcione sobre las demás. No se cuántas ideas he tenido que no he llegado a probar porque no sabía en mi cabeza si funcionarían o no. De ahí que exista la Optimización de la Idea y la fase de Validación de tu Idea, como ya veíamos con anterioridad, para poder recabar información empírica antes de lanzarnos a ciegas.

Puedo ver esta misma historia repitiéndose en todo tipo de escenarios con otras personas que están creando sus proyectos y llevando a cabo sus ideas. Me preguntan si pienso que tienen el modelo de negocio correcto, o si pienso que su precio es el adecuado o no, o si yo creo que tal funcionalidad va a ser eficaz o quizás sea mejor implementar esta otra, o si es mejor escribir en su blog sobre este tema primero o mejor posicionarse en este otro.

Siempre contesto lo mismo: Si no lo pruebas por ti mismo no lo puedes saber. Porque la realidad es que nadie tiene la respuesta a esas preguntas excepto tu público. Ni siquiera conociendo un proyecto que haya puesto en práctica una idea o estrategia similar con éxito, podemos estar completamente seguros de que esa estrategia nos vaya a funcionar a nosotros con nuestro proyecto y público. Cada proyecto es un mundo y lo que para unos es un éxito para otros no lo es tanto. Por eso lo único que podemos hacer aquí es probar la hipótesis con nuestros usuarios, público y audiencia, recopilar toda la información que podamos y ver si realmente funciona de forma empírica.

Pero entonces ¿cómo vamos a acertar a la primera? Bueno, quizás no lo vayamos a hacer. Quizás acertemos a la cuarta, o a la segunda, o a la decimonovena. Pero si hay una cosa buena en crear un proyecto online (y ya hemos visto que hay muchas) es que si algo no funciona... lo cambias. Y no pasa nada.

Pero hay veces que para alguien que está empezando o va a empezar una iniciativa online parece que lo que se haga va a misa. Y por lo tanto es evidente que hay que acertar a la primera. Porque si no acertamos y *reculamos* con algo, los usuarios, comunidad o audiencia, van a poner el grito en el cielo, o el proyecto va a perder credibilidad, o la gente se va a cansar de tanto cambio o qué se yo.

Antes, publicar una corrección en un libro o en un programa de software que comprabas en soporte físico con su caja, era un engorro porque había que volver a fabricarlo, manufacturarlo, enviarlo, etc. Hoy día eso ya es historia. Las páginas webs, los blogs, los servicios, incluso los productos digitales están constantemente cambiando y mejorándose. Sus creadores publican correcciones, mejoran cosas y solucionan fallos. Y lo mismo ocurre con los proyectos. Es algo vivo, que evoluciona y mejora.

Gestionar usuarios, clientes o una comunidad es un arte y requiere de ciertas habilidades. Pero normalmente el problema ante cambiar y probar diferentes cosas, reside más en nuestra cabeza que en la realidad. A tus usuarios no le molesta que estés experimentando con el precio o modalidades de pago de tus servicios, siempre que digas que lo estás haciendo y seas justo al hacerlo (si bajas el precio y ya hay gente que ha pagado por el precio anterior más alto... no hace falta que siga ¿verdad?). A tus lectores no les molesta que pruebes a escribir sobre otros temas para ver si funcionan y cuajan, siempre que seas claro sobre el experimento y lo que está ocurriendo. A tus usuarios no les molesta que cambies de modelo de negocio buscando uno que rinda bien, siempre y cuando seas transparente y no los hayas acostumbrado al todo gratis (como vimos en "A su servicio *(II): ¿pero gratis?"*).

¿Qué podemos usar a nuestro favor para tomar mejores decisiones con nuestro proyecto? Una vez que lo tengas en marcha, sin duda, las estadísticas.

Instalar Google Analytics (para registrarte e instalarlo visita: google.com/analytics) en tu blog, tienda o servicio, es gratis y sencillo (sólo necesitas copiar un pequeño trozo de código) y te va a proporcionar más información de la que nunca podrías imaginar. Esta es otra de las bondades del mundo online, el poder medir todo lo que se te antoje y ayudarte de esa información para tomar decisiones mejor fundamentadas. En otras palabras, entender cómo la gente usa tu proyecto y porqué, y ser capaz de darles más de lo que quieren.

Ver de qué países provienen tus visitantes, cuánto tiempo pasa la gente en qué páginas, en qué paso un comprador abandona su compra, qué anuncios son los que mejor rinden, cómo un usuario interactúa con tu servicio, qué funcionalidades son las más usadas y cuáles las menos, que productos son los más buscados, qué escribe la gente en Google para acabar en tu página... las posibilidades son infinitas, y la información muy valiosa.

Pero recuerda, antes de echar a andar tu proyecto y poder disponer de toda esa información, no dejes que el querer acertar a la primera te inmovilice. Sigue hacia delante con la opción que creas que va a funcionar mejor, sin la certeza cien por cien de que lo hará.

Y si finalmente no funciona tan bien como esperabas, sólo cámbiala. La maestría reside en cómo de rápido nos movemos de algo que no funciona a probar la siguiente cosa en nuestra lista.

RÁPIDO Y SUCIO: TU PRIMER PROTOTIPO MÍNIMO VIABLE

Es el momento de pensar qué va a incluir tu proyecto en su primerísima versión, que consideraremos beta y casi en pañales, pero que va a ser lo suficientemente funcional para materializar la esencia de tu idea. En otras palabras, si por ejemplo tu idea es crear un servicio para reservar mesa en un restaurante, ahora es el momento de definir que conjunto mínimo de funcionalidades se van a necesitar para satisfacer esa idea en una primera versión que llamaremos prototipo.

Esto misma idea se aplica también si tu proyecto es un blog o una tienda online. En este caso estaremos hablando del contenido mínimo necesario para lanzar tu proyecto en abierto. En el caso de un blog por ejemplo, nos centraríamos en el contenido mínimo que tu blog tiene que tener para que cuando un visitante llegue no se encuentre un único post, sino que haya una mínima representación de la temática que vas a tratar y que enganche, para que se quiera suscriba y convertirse en un lector tuyo.

Pero cuidado: un prototipo no es una versión final. No es algo exento de errores, no está completamente pulido y terminado, no es perfecto ni muchas veces completo. Pero si es aceptable y funcional, y sobre todo aspira a representa la esencia de tu idea. Y debes poder llevarlo a cabo en un corto espacio de tiempo. La idea es crear un punto de partida a la hora de materializar tu proyecto, que a) se centre en la esencia de tu idea, no en el ruido adicional y b) te acerque a tu mercado para saber si vas por el buen camino (y poder rectificar pronto si no es así).

No se trata de pensar en todo lo que puede tener tu servicio. En el ejemplo anterior de un servicio para reservar mesa en un restaurante, podrías por ejemplo querer incluir un chat *online* con el restaurante en cuestión, una opción para dejar una opinión de la comida del restaurante que ayudaría mucho para saber si el restaurante es bueno, la posibilidad de buscar los restaurante por tipo de comida (asiática, italiana, etc), poder ver la carta completa del restaurante, también estaría bien poder ver fotos del local para hacerte una idea, incluso la posibilidad de realizar una pregunta al restaurante en cuestión para saber por ejemplo si tienen menú para vegetarianos... Y para cuando hayas terminado de implementar todo eso, que posiblemente te haya llevado un año, descubres que en realidad lo que tu creías que era un problema a resolver (reservar mesa) no lo era tanto, y la gente no usa tu aplicación.

Se trata de que encuentres el mínimo conjunto de funcionalidades que permitan a la gente reservar una mesa en un restaurante de la zona en la que están, y materialices la esencia de tu idea lo más rápido posible. Todas las demás funcionalidades que se te ocurran, al igual que hicimos con las ideas accesorias, las puedes anotar en una libreta e ir revisándolas e implementándolas en el futuro. Pero no te apegues mucho a esto tampoco, porque muchas veces se tiene una idea de por donde va a ir el proyecto que no se corresponde con lo que tus usuarios te van pidiendo.

Así pues coge papel y lápiz y ponte a pensar que funcionalidades o contenido o productos va a necesitar tu prototipo. Si tienes dudas sobre qué debería tener tu prototipo, pregúntale a tus potenciales usuarios (sí, esos con los que has ido creado una relación como vimos en el capítulo "*Respondiendo a la Pregunta del Millón: ¿Funcionará?*") y usa el *feedback* que te den como orientación.

Por ejemplo, la primera versión prototipo de *VisualizeUs.com* no fue la red social que es hoy, sino que fue una simple extensión que le añadía a Delicious.com (un marcador social de favoritos ya existente) la posibilidad de guardar imágenes, lo cual hasta el momento no era posible. Era una forma muy directa de probar mi idea, coleccionar y recordar imágenes chulas para compartirlas, sin necesidad de invertir meses desarrollándola. Una vez pude comprobar que a la gente le interesaba, pasé a la siguiente fase del desarrollo, hacer de esa idea una red social.

Pero de nuevo, la primera versión de esta red social fue a posta muy limitada. Ni siquiera incluyó la opción tan básica de recordar contraseña. Si alguien se olvidaba de su contraseña tenía que ponerse en contacto conmigo y se la cambiaba a mano por una temporal. Cuando hubo muchos usuarios está claro que eso se convirtió en un engorro y fue mejor automatizarlo, pero al principio dejar fuera este tipo de funcionalidades me permitió aprovechar mucho mejor el tiempo en implementar las cosas verdaderamente imprescindibles para representar la esencia de mi idea.

Tienes que pensar que lo primero es tener usuarios para que usen las funcionalidades, o lectores para que lean tu contenido o visitantes para que compren tus productos o estudiantes para que tomen tu curso. Y para eso tu proyecto tiene que estar ya en Internet, pudiendo ser usado por todo el mundo. No sirve de nada volverse loco añadiendo funcionalidades, contenido o variedades que a lo mejor no van a ser usadas nunca, o que a lo mejor no es lo que tus usuarios quieren, y caer así en la trampa de la perfección. Asumámoslo: Tu proyecto no va a ser nunca perfecto. O lo que es lo mismo visto desde otro ángulo más positivo: Siempre va a estar mejorándose.

Recuerda, menos es más. Y lo que intentamos aquí con tu prototipo mínimo viable es minimizar el tiempo necesario para tener algo que enseñar a tu público, para no morir por el camino y para aprovechar la inercia que da el lanzar tu proyecto en abierto.

¿QUÉ HARÍA UN DOER?

Como buenos *doers* que somos, ya tenemos nuestra idea optimizada con su correspondiente modelo de negocio, nuestro hábito de crear convenientemente afianzado en nuestro día a día y nuestra identidad visual lista.

¡Ha llegado finalmente el momento de enseñarle algo de nuestro proyecto al mundo!

¿Recuerdas la estrategia de la web fachada que desgrané en *"Respondiendo a la Pregunta del Millón: ¿Funcionará?"* ? Pues nos vamos a centrar en validar nuestra idea con ella a la vez que empezamos a darla a conocer al mundo, y así poder avanzar hacia materializarla sin ir a ciegas. Recuerda que puedes buscar ayuda mediante el *outsourcing* para cualquier cosa que se te atragante o actualmente te quede un poco grande.

CREA TU WEB FACHADA:

Aunque pienses que tu proyecto es tan único y especial que esta estrategia no funciona con él, sí que lo hace y además necesitas ponerla en práctica si quieres poder responder a la pregunta del millón

Para ello lo mejor que puedes hacer es recurrir a un servicio especializado como <u>LeadPages.net</u> en el que podrás seleccionar una plantilla ya hecha de las cientos probadas que tienen en su haber (de pago, en torno $30/mes), o <u>Instapage.com</u> donde crear tu página a base de arrastrar elementos usando plantillas como base para hacerlo (con una versión limitada gratuita) o incluso Launchrock.com (gratuito o $5/mes incluyendo un dominio).

Con un servicio de este estilo podemos tener nuestra web fachada lista en cuestión de horas. A la hora de recopilar correos en nuestra web fachada (recuerda: es primordial este paso) puedes usar Mailchimp.com que con su versión gratuita te permite tener hasta 2.000 contactos.

EMPIEZA A PROMOVERLA Y ATRAER TRÁFICO HACIA ELLA:

Para ello, usa los canales que ya tienes a tu alcance como tus redes sociales, foros en los que participes, grupos en los que estés, interacciones sociales, póntelo de firma en tus emails, etc.

Cualquier tipo de promoción y marketing que se te ocurra es bienvenido. Aunque no entraremos en detalle en esto, el marketing prematuro (como este) antes de que tu proyecto esté listo es crucial para el éxito futuro del mismo. Al final del libro te hablaré más sobre el aspecto de la promoción y el marketing.

DEFINE TU PROTOTIPO MÍNIMO VIABLE:

Coge papel y lápiz y ponte a crear unas "especificaciones" informales de tu proyecto.

Por ejemplo, si tu proyecto es un servicio empieza a definir qué tipo de cosas van a poder hacer los usuarios con tu Prototipo Mínimo. ¿Van a poder registrarse con su cuenta de Facebook y/o Twitter, o con un email? ¿Podrán resetear su contraseña? ¿Qué opciones tendrán disponibles a la hora de usar tu servicio? Ve especificando así el conjunto de las primeras funcionalidades de tu proyecto que formarán parte de tu prototipo. Escribe también aquellas que no podrán hacer en esta primera versión.

Si tu proyecto es un blog usa tu Prototipo Mínimo Viable para crear un plan de contenido con los artículos que vas a ir escribiendo que sirva para definir la temática o temáticas que vas a tratar de cara a tu audiencia. De esta forma, cuando lo lances a todos aquellos que se apuntaron en tu web fachada, ya habrá contenido representativo en tu blog para leer y consultar.

Si tu proyecto es un producto, tu Prototipo Mínimo Viable dependerá de si es un producto de terceros (es decir, no lo fabricas tú) en cuyo caso tu Prototipo Mínimo será la tienda online donde lo vendas; o si es un producto hecho por ti, donde entonces tendrás que definir qué va a incorporar tu primera versión y que no.

Si tu proyecto es un curso, videocurso, libro o similar, tu Prototipo Mínimo Viable será un esquema elaborado de lo que quieres enseñar o transmitir con él. Qué cosas vas a cubrir, qué cosas no, hasta dónde vas a profundizar, que secuencia lógica vas a seguir en los contenidos, etc. Este esquema elaborado será la base de partida, el esqueleto, sobre el que seguirás trabajando para ir completándolo con los contenidos, hasta así acabar con tu producto de información terminado por completo.

ENCUENTRA EL SERVICIO QUE MEJOR SE AJUSTE A LAS NECESIDADES DE TU PROYECTO:

Ya sea un servicio de terceros, como veíamos anteriormente con Shopify para crear tiendas online, como un servicio instalado en tu propio alojamiento web, por ejemplo instalar Wordpress en tu *hosting*; encuentra el servicio que mejor se ajuste a las necesidades que tiene tu proyecto.

Si tu proyecto es un blog, el escenario es sencillo. Sólo necesitarás Wordpress, ya sea instalarlo tu mismo en tu propio hosting o usar un servicio dedicado como WPEngine.com o Dreampress, donde no tendremos que preocuparnos de gestionarlo ni mantenerlo nosotros.

Si tu proyecto es una tienda online, Shopify.com es sin duda la mejor opción para despreocuparte de la parte técnica y ocuparte de vender tus productos.

Si tu proyecto se centra en torno a cursos o video-cursos, Udemy.com, UseFedora.com o Floqq.com son todas buenas alternativas.

EMPIEZA A FAMILIARIZARTE CON EL OUTSOURCING:

Visita los portales recomendados en los capítulos anteriores, hazte una cuenta y crea alguna tarea sencilla relacionada quizás con tu web fachada o con el servicio que usarás para tu proyecto (como por ejemplo, configurarte Wordpress en tu hosting).

Piérdele el miedo a *outsourcear* cosas y a la vez empieza a cogerle el gusto usando todas las buenas prácticas que hemos venido desgranando. Ve probando con pequeñas tareas sencillas el arte de elaborar bien la descripción, practicar una buena comunicación, anticipar los errores, etc. Cuando esa tarea esté acabada, reflexiona sobre lo que ha ido bien, lo que no y como mejorar para la siguiente tarea, y sigue practicando con ella.

Este es quizás el punto más importante de cara al desarrollo futuro de tu proyecto, ya que convertirte en experto *outsourceando* es lo que más posibilidades te va a brindar de avanzar cuando con tus propios medios te veas bloqueado.

CIERRE

TERMINA LO QUE EMPIECES

¿Piensas que empezar algo es difícil? Prueba a terminarlo.

Lo que ahora tienes ante ti es una prueba, una carrera de resistencia y de concentración. La vida te está dando una oportunidad para superarte a ti mismo, para transformarte en una mejor versión, en una mejor persona, para convertir tu idea en una realidad y ejercer el poder de crear, ese que todos los seres humanos tenemos innato, pero pocos ejercen de forma consciente.

Cualquiera puede empezar algo. Virtualmente todo el mundo lo ha hecho alguna vez. Abre una página en Facebook para tu proyecto y ¡enhorabuena, ya has empezado algo!

Pero acabar un proyecto es difícil. Es realmente difícil.

Alínear el tiempo, la dedicación, la concentración, la perseverancia, la decisión, la acción... durante el suficiente tiempo para manifestar una nueva realidad, es mucho más complejo.

No serás perfecto todo el tiempo. De hecho, no serás perfecto la gran mayoría del tiempo. Serás perfecto en raras ocasiones. Crear algo de valor para el mundo es estar dispuesto a seguir con un proyecto el tiempo suficiente para dejar que esas raras ocasiones de perfección se vayan sumando y empiecen a solidificarse.

Te estancarás por el camino. Te entrará pánico. Te frustrarás. Te asaltarán los miedos, las inseguridades, todo aquello que creías ya superado.

Abandonarás y dejarás aparcado tu proyecto.

Pero ahí vendrá tu prueba: ¿serás capaz de retomarlo? ¿Acabarás lo que empezaste aunque sepas que hay muchas probabilidades de que nadie lo vea, y si lo ven, que no les importe?

Si puedes terminar tu proyecto ante estas horribles y deprimentes certezas e invertir el tiempo necesario para hacer que sea algo genial, entonces y sólo entonces habrás superado el umbral.

El umbral que separa a los que sueñan y fantasean, de los que sueñan y consiguen. El umbral que separa a aquellos que ejercen el innato poder de crear, de aquellos que invierten sus vidas consumiendo lo que otros crean. Que diferencia a aquellos que son dueños de su destino, de los que dejan que la vida decida por ellos.

Y entonces, cuando cruces ese umbral, sabrás en tu interior que todo ha merecido la pena.

BONUS Y CAPÍTULOS DE REGALO

Si has llegado hasta aquí leyendo, te mereces una recompensa.

No sólo por haber leído todas las páginas del libro, puesto en práctica los ejercicios e imbuido tu cabeza de ideas nuevas y a menudo revolucionarias. Tampoco por haberte concedido a ti mismo el regalo de estar un paso más cerca de poder conseguir tus sueños en la red y fuera de ella. Sino porque como decíamos en el capítulo anterior, como buen *doer* que eres, tú terminas lo que empiezas.

Por motivos de espacio y para no hacer este libro demasiado extenso perdiendo así el toque práctico de acción que quería que tuviese, no he podido incluir una sección entera sobre promoción y marketing de tu proyecto, un aspecto fundamental que en buena parte será culpable o estrella del batacazo o éxito del mismo (¡esperemos que de esto último!).

Son 40 páginas repletas de técnicas y estrategias que puedes (¡*debes!*) aplicar desde hoy mismo, sin ni siquiera tener listo tu proyecto, y que complementan todo lo que hemos visto en *Móntatelo Por Internet*.

Tengo pensado venderlo como un libro digital en sí mismo, pero como lector de *Móntatelo Por Internet* te prometí al inicio del libro proporcionarte una hoja de ruta completa para la aventura de emprender online y no sería justo dejarme esta parte fuera. Así que me gustaría ofrecértelo gratis. Considéralo tu recompensa por acabar lo que empiezas.

Sólo escríbeme un correo a *montatelo@victorespigares.com* con el asunto "Bonus" y te lo mando.

Porque si has llegado hasta aquí sé que estás comprometido con tu proyecto y verdaderamente quiero que tengas éxito con él.

Por último, me gustaría pedirte un favor.

Si este libro te ha servido (y quiero creer que lo ha hecho si estás leyendo estas líneas), me gustaría que dejaras una breve reseña en la librería donde lo hayas adquirido (Amazon, iBooks, etc). No te llevará más de 2 minutos y estarás ayudando a dar a conocer el libro a los potenciales lectores a los que este libro puede inspirar y servir.

Muchas gracias y a conquistar tu destino.
– *Victor Espigares*

AGRADECIMIENTOS

Desde que tuve la idea de escribir este libro hasta que finalmente se ha visto publicado cuatro años más tarde, ha llovido mucho y de muy diferentes formas. Podría sin lugar a dudas denominar este proceso como una interesante odisea de crecimiento personal que no siempre ha resultado fácil, pero que sin duda ha merecido mucho la pena.

A lo largo de toda esta odisea siempre ha habido una figura que ha estado presente a mi lado en todos y cada uno de esos chaparrones, sin miedo a mojarse y empaparse conmigo, ya fueran suaves lloviznas o furiosas tormentas. Unas veces aportando comprensión y claridad, otras brindando soluciones poco convencionales, otras poniéndome las pilas e incluso en muchas ensuciándose las manos y poniéndose su mejor sombrero de editora jefa para revisar lo que hiciera falta. Si este libro es una realidad a día de hoy, amén de sencillo, cercano y ameno, es en gran parte gracias a mi pareja y compañera de viaje, Rosy. Así que desde aquí mi más profundo agradecimiento va para ella. Gracias Mi Amor por sacar siempre a la luz lo mejor de cada una de las personas que tienen la suerte de cruzar sus caminos contigo.

Agradecimientos especiales para Javier Navarro, por su sabiduría y su apoyo constante, no sólo en este proyecto sino en tantos otros en los que siempre tiene el don de la oportunidad y las palabras adecuadas para traer claridad. A Cynthia Vico por su edición y análisis concienzudo que no dejó piedra sin levantar ni rincón sin inspeccionar. A mi amigo y socio Antonio Jerez, por todas las vivencias que hemos tenido la suerte de experimentar juntos, buenas y malas, en estos siete años de emprender en la red. Y a mis queridos padres, Paulino y Mª José, y mi hermana Marijose, por ser mis cómplices perfectos en esta aventura que es la vida.

No podía dejar de agradecer a los miembros del Club VIP, lectores "beta-testers" de *Móntatelo Por Internet*, por su apoyo durante el lanzamiento de este libro: Mar Méndez, Olga Hernando, Jorge García, Elvira Guerrero, Juanan Ruiz, Isabel Gallego, Raquel Ros, Nuria Ortiz, Mª Jesús Jiménez, Luz Navas; y tantos otros que por cuestiones de espacio me dejo sin nombrar. Mil gracias a todos.

Por último, pero no por ello menos importante, un par de agradecimientos especiales van para mi hijo Noah que con su llegada y presencia ha traído claridad a mi propósito. Y para ti lector, que como ya adelantaba al principio te atreves a soñar y sobre todo a vivir a lo grande tu vida.

Ha sido un verdadero honor vivir la odisea necesaria para que estas líneas hayan llegado hasta ti y no lo cambiaría por nada del mundo.

– Victor Espigares
Granada a 4 de Diciembre de 2015

ACERCA DEL AUTOR

VICTOR ESPIGARES es emprendedor *lifestyle*, ingeniero, padre en prácticas, ponente y autor. Victor es el fundador de VisualizeUs.com, la red social para creativos con más de 230.000 usuarios de todo el mundo, destacada por el *New York Times* como *"una obra de arte en constante movimiento"*.

Licenciado como Ingeniero Técnico en Informática por la Universidad de Málaga, desarrolló una fructífera carrera en el campo científico, hasta que decidió que la vida era muy corta para jugar a lo seguro y se lanzó a emprender en el mundo de las *startups* de Internet. Siempre con la libertad como objetivo, creó una empresa que sustentara el estilo de vida que anhelaba: poder vivir aventuras por el mundo.

Viajar y vivir en diferentes lugares del mundo; pasar tres meses entrenando intensivamente Kali, un milenario arte marcial, en una remota aldea filipina; formarse como facilitador de danza y meditación en movimiento en el epicentro espiritual de Tailandia; o formar parte de una compañía de danza-teatro y actuar ante cientos de personas, son sólo algunas de estas aventuras.

Victor ha sido destacado por diversos medios nacionales como La Primera, Cadena Ser, 20 Minutos o Los 40 Principales, escribe regularmente en su blog sobre desarrollo personal no convencional y reparte su tiempo entre su familia, ayudar a personas y organizaciones a desarrollar su potencial y difundir ideas poco convencionales para disfrutar de una vida extraordinaria.

Para saber más visita su página *www.VictorEspigares.com*.

Made in the USA
Lexington, KY
05 June 2017